市民の科学　第11号　2021年1月

柄谷行人のまなざし

目次

特集　柄谷行人のまなざし

特集　柄谷行人のまなざし

特集にあたって　特集の「言い分」

特別なことですから、特別の事情と言うものがあります。

柄谷行人さんを特集する「言い分」です。

いま、という時点、世界は混沌として、コロナ・パンデミックが追い打ちをかけて、差別や貧困が増幅し、だけでなく私たちの間で「分断」という悲しい溝が深まり大きくなってきました。

こうした事態を「理念と想像力なき時代」と喝破したのが柄谷さんです。その意味は重く、時代を遡ってマルクスやカントに訊ねることができるならばと、思いは尽きません。

これまで、知性とか、理性ということは、私たちにとって無上の価値であって、そこに寸分の疑いをもつことなど、考えてもいませんでした。私たちの生活が、仮に目の前の利益に囲い込まれているとしても、やはりどこかに理性とか、知性を尊ぶ姿勢があり、そう自認していました。ついこの前まで、その知性は「社会主義」が代表していました。ところが、その輝きを持っていた知性のシンボルは、ことごとく瓦解し、多くの「マルクス難民」を生み出したのです。「マルクスを信じて、マルクスに裏切られた」と思っている人たちです。〝社会主義難民〟と言い換えてもいいかもしれません。

このままでいいわけありません。

戦争や貧困、差別や絶望を絶つ新たな展望が、いまほど必要になっている時代はありません。

ここに、そうした問題意識を持った「市民科学者」が集いました。考え方に、そして思い描く社会のあり方に意見の相違がありますが、願いは同じです。『市民の科学』としては初めての試みですが、これがスタートであり、今後の「市民科学運動」のマイル・ストーン（通過点を示す里程標）になるものと信じています。

特集編集部を代表して・宮崎昭

特集；柄谷行人のまなざし

鼎談“柄谷理論に学び、そして問う”

司会：特集編集部
出席：中村共一（市民科学京都研究所代表理事、専任研究員）
重本直利（市民科学京都研究所理事、専任研究員）
宮崎　昭（市民科学京都研究所理事、専任研究員）

【司会】　「市民の科学」は、これまで毎年春秋の年二回、研究会をもちさまざまな課題に基づいて研究発表・討論を重ねてきました。今年は、残念ながらコロナ禍によって予定されていた春の研究会はもとより、秋の研究会・シンポジウムも延期という事態を迎えました。大変残念ですが、しかしこのままで良いわけではありません。わたしたちは、メール交換などを通じて研究交流を続けてきました。

そこで、今回は直接集まって議論するのではなく、デジタル機器を利用して発表、質疑応答をすることにしました。初めての試みですが、どうぞよろしくお願いします。

本日は、「柄谷理論に学び、そして問う」というテーマといいましょうか、タイトルで話し合っていただきます。皆さんにお願いしたいのは、まず、それぞれの専門分野で研究をしてこられて、柄谷理論に注目し、関心をもった理由をお聞かせください。まず、代表の中村さんからお願いします。

1．柄谷理論との出会い

【中村】　僕の出発点にあった探究は、体験的に言えば、「日本的経営」、柄谷さん風に表現すれば「ネーション」（厳密に言えば「ネーションとしての企業」）を対象として、そこでの個人（そして他者）の自由をいかに展望しうるのか、という点にありました。それを、特に資本主義(の発展)との関係で、構造的に捉えようとしてきたのですが、なかなかその自由への展望を引き出せなく、とりあえず実践的な観点(市民活動の現実)から模索していた状況にありました。そのころ、柄谷理論と出会いました。柄谷さんは『世界史の構造』のなかで、「ネーション」を社会構造的に捉えることを提起していました。同時に、カントと関連させながら、自由の問題を取り上げる方法も展開されていました。目から鱗で、読むほどに引き付けられていったわけです。

もう一つは、社会文化学会や「市民科学」の活動の中で、市民的な研究活動を行ってきたわけですが、ほとんどの研究が専門領域からのアプローチで、市民の生き方を根本的に問うものではなく、とりわけ現代の根底にある資本主義の問題とどうかかわるかが、不鮮明なままでありました。したがって、「市民の科学」「専門科学」のあり方を批判的に反省しなければ、「市民の科学」が生まれてこないのではないか、という疑問を抱いてきました。柄谷さんの「超越論的態度」という問題提起は、この疑問に答えてくれる手がかりとして刺激的なインパクトとなってきました。

【司会】 次に重本さん、お願いします。

【重本】 私が最初に柄谷さんを取り上げたのは、書評で「資本と国家に対抗する運動原理とは、LETSの可能性―柄谷行人編著『可能なるコミュニズム』―」(『情報問題研究』第一二号、二〇〇〇年六月)でした。この時、私の問題意識は、グローバリゼーションに対するローカリゼーションとしてのLETS(地域循環型経済システム)と地域通貨の可能性を捉えたいということでした。その後、この書評は、二〇〇二年二月に刊行しました拙著『社会経営学序説―企業経営学から市民経営学へ―』(晃洋書房)の第Ⅲ部「市民経営学の課題」の第8章「コミュニティーの再建と市民経営学」の補論として位置づけ、社会経営学の枠組の中での資本と国家に対抗する運動原理(経営原理)としての「市民的経営」の重要な論点としました。つまり、LETSを組織し運営するNPO(非営利組織)を市民セクターとして位置づけ、国家セクター、企業セクターに対抗するオルターナティブとして組織的・制度的に具体化することを目的としました。

【司会】 重本さんは、これまで一貫して「社会経営学」の研究をされてきたわけですが、その骨格に「資本と国家に対抗する運動原理」をおいてきたのですね。それが柄谷さんとどうつながりますか。

【重本】 端的に言って、柄谷さんのアソシエーション論です。柄谷さんの『可能なるコミュニズム』は、マルクスが『フランスの内乱』で論じた「連合した協同組合組織諸団体」の「協同のプラン」にもとづいて、資本制の全国的生産（無政府性と周期的変動）を調整しあるいはコントロールの下におくことを「可能なるコミュニズム」として取り上げていました。ここから、柄谷さんは「九〇年以降、私は単なる資本主義批判ではなく、それを克服するための何か積極的な方法と論理的根拠を模索していたのである」と述べられています。私も同様な問題意識をもっていて、この模索にたいへん共感しました。特に柄谷さんが次のように言っている箇所です。

「ここでマルクスがいうコミュニズムとは、アソシエーションズムのことである。つまり、生産者―消費者協同組合のグローバルなアソシエーションによって、資本と国家を揚棄することである。いうまでもなく、それは、コミュニズムを国家的統制だと見なす通念とは全く無縁である」（同九頁）。

【宮崎】　コミュニズム、一般的には「共産主義」と訳され、いまでは全体主義、ファッシズムと同類であるかのような印象を持っている人も多いと思います。そう思われる理由は確かに事実としてありますから、柄谷さんも意識的にコミュニズムと言わず、アソシエーション、アソシエーションズムと言ってますね。もちろん、コトバの問題ではないですけど。

【重本】　柄谷さんは、コミュニズムを倫理的な課題としながらも、経済的基盤なしの倫理は空疎であるとも述べています。資本の自己増殖運動G―W―G'を止める方法として消費者―生産者の協同組合の必要性を提唱していました。しかし、この協同組合は資本の自己増殖運動を止めることはできず、資本に吸収されてしまうだろうとペシミスティックにも語られていました。実際の協同組合の現実に、私もこのことを実感していました。これを止めるには資本の内部で行われなければならないと柄谷さんは述べます。この協同組合を、資本主義をガンに喩えたカール・ポランニーになぞらえて、柄谷さんは「対抗ガン」としての協同組合を捉えました。私にとって「対抗ガン」は魅力的な表現でした。ただ、このことは単に倫理的問題でも経済的問題でもなく経営的問題としても捉えられるべきと考えたのです。この課題意識の下、私は、二〇〇一年に社会経営学、市民経営学を提唱して以来、ソーシャル・マネジメントの研究をしてきました。

柄谷さんの「対抗ガン」を受け止めつつも、その後、本格的に柄谷理論を研究することはありませんでした。今回、『トランスクリティーク―カントとマルクス―』（岩波現代文庫）、『世界共和国へ―資本＝ネーション＝国家を超えて』（岩波新書）、『倫理21』（平凡社ライブラリー）などから、より広がりと深まりのある論理を学ぶことによって、資本主義との対抗戦略を改めて考えたいと思っています。

【司会】　なにより、社会経営学や市民経営学を志向されてきたわけですが、その活動というか研究活動で、柄谷さんの協同組合論、あるいは「対抗運動」に注目されたということですね。最後になりましたが、宮崎さんはどんな「遭遇」でしたか。

【宮崎】　私は、大学紛争の真っただ中にあったときに大学生になりました。周囲からの影響もあって、当時新発売であった『資本論』の普及版、五巻セットを買い求め、読み始めました。分からなかったですね。ものすごく難しかった。

　でも、幸か不幸か（笑）、周囲に恵まれて、自分ではいっぱしの「マルクス主義」者になったつもりでいました。しかし、篠原先生との出会いは、私にとって決定的でした。使用価値、生産力をめぐる理解の陥穽に気づきました。その後、大学で職を得て、マーケティングを研究する生活に入りましたが、徐々に「マルクス主義」者であることに自信を失い、柄谷さんの『マルクスその可能性の中心』を読んだ記憶があります。ところが、大学一年生の時に読んだ『資本論』よりも、数倍難しかったですね。その時は、柄谷さんは「文芸批評家」であり、マルクスについては素人なのだ、というように考えて自分を納得させた記憶があります。随分、身勝手な解釈ですが。

【重本】　私の衝撃は、『トランスクリティーク―カントとマルクス―』でコペルニクス的転回の捉え方でした。学生時代は理系（物理学科）でしたので、コペルニクス的転回をただ天動説から地動説への転換として捉えていました。

　この点は、また後で述べたいと思います。

【宮崎】　柄谷さんの本をきちんと読んだのはずいぶん後で、『世界共和国へ』でした。これは衝撃的で、頭を抱えてしまいました。何といっても、生産様式ではなく、交換様式から社会を、さらには世界を見るという方法論と問題意識、研究姿勢（プロブレマティク）です。

　そういう思いに至ったのは、学生時代に理想として描いた「社会主義」が、無惨な形で崩壊したという事実をいかに受け止めるべきか、という自問があったからです。私の感想、つまり「個人的な感想」（笑）ですが、あれだけ「社会主義」を語っていた人たちが沈黙し、さらにはこれを論じている柄谷行人の業績を無視する態度に出たことに憤慨しました。加藤典洋『敗戦後論』の言い方をまねると、国民感情の戦前と戦後の間での「ねじれ」、私の場合では「マルクス主義」と「脱マルクス主義」の、自己の中での「ねじれ」という分裂です。

　私はこういう自分の境遇を、自虐的に「マルクス難民」と呼びました。これまでのマルクス理解が、つまり自分の拠りどころである「母国」を失ったように感じたからです。

【中村】　重本さんが、『トランスクリティーク』から衝撃を受けたという話ですが、僕にも付け加えさせてください。この本の副題が「カントとマルクス」です。なぜカントが再評価されてくるのか、これ自体が僕には衝撃的なことでした。僕は、かつて、カントを「観念論者」の代表とみなし毛嫌いしていたからです。しかし、柄谷さんの「吟味」からすると、むしろマルクスに近い存在として見えてくるばかりか、柄谷さんの交換様式論もカントの人間観をベースに考えられたのではないかとも思えてきました。

【司会】 重本さん、中村さんから「『トランスクリティーク』の衝撃」という話が出ましたが、その点は3で詳しく論じていただきたいと思います。

2．生産様式論から交換様式論へ──柄谷的転回

【司会】 さて、三人からお話をいただいたのですが、柄谷行人さんを語る上では、やはり交換様式論でしょうね。『世界史の構造』（岩波現代文庫）が体系的な理論構築だとすれば、『世界共和国へ』はその普及版もしくは入門書であり、『トランスクリティーク』はその理論構築へ至る道程、思考の遍歴を示すものだったと思います。つまり、「マルクス主義」からの脱皮をいかにして行ってきたのか、さらには「史的唯物論」の社会発展史論からの脱皮です。

そこで、これからは柄谷理論を特徴づける「交換様式論」について、議論していただきたいと思います。

【中村】 交換様式とは何か。まず、柄谷さんが自身で説明しているところを紹介しましょう。なぜ、交換様式論なのか、その問題意識を雑誌『文学界』（二〇一九年一二月号）でこう語っています。

「ソ連邦が崩壊し、『歴史の終焉』を唱える世界的コーラスが起こった。私が史的唯物論について考えようとしたのは、そのときです。このころから、マルクス主義（史的唯物論）は古くなったが、『資本論』はまだ読むに値するというような評価が出てきました。私は、それはつまらない見方だと思います。この時点で私が考えたのは、『資本論』を再評価することではなく、いわば『資本論』を『導きの糸』として、史的唯物論を『科学』として建て直すことでした。そして、それは生産様式ではなく交換様式を『土台』とすることによってのみ、可能である、と。今、思うのは、それこそが『マルクスその可能性の中心』だったのではないか、ということです」（同上、二七三頁）。

社会主義体制の崩壊という事態は、世界史的な大事件でしたが、柄谷さんは自分の問題として受けとめました。

【宮崎】 そうですね。社会主義の問題点や制約を指摘して、ただそれを非難するだけではまずいと考えた。卑俗な言い方ですが、「敵役」がいなくなって、自分の立ち位置がぼんやりしてしまい、自らの積極的な姿勢というものが

見えてこなくなった。だからこそ、斜に構えるポストモダ

……ンに対して挑発するように、未来を語るスタンスをとったのですね。

『トランスクリティーク』の序文で、「私は、理論は、たんに現状の批判的解明にとどまるのではなく、現実を変える何か、積極的なものを提出しなければならない」と言ってますよね。そのために考え出されたのが交換様式という概念だと思います。「生産」という限定された枠組ではなくて、広く「交換」の関係をもって社会を見通すという方法ですから、商品交換ばかりでなく、贈与だとか、納税といった「交換」まで含まれてきます。

【中村】「歴史の終焉」論により資本主義体制を「肯定」しようとする論調の中で、柄谷さんは、改めて「史的唯物論」を建て直すことによって「交換様式論」を提起されているわけですが、そこでは、自然史的な「歴史」を「人間の自由」の観点から倫理的・実践的に捉え返すことが、メイン・テーマになっていると思います。柄谷さんの言葉で言えば、「『世界史の構造』は、社会構成体と世界システムの変化がいかにして生じてきたかを解明するとともに、それが今後いかにして新たな世界システムに移行しうるかを考察したものである」という課題に集約されていくものです。

【司会】いま、中村さんから「史的唯物論」の建て直しといったことが言われましたが…

【宮崎】「マルクス難民」としてひとこと言わせてください。

社会のあり方を生産様式から考えるという思考方法の根源には、労働価値説があると思います。極端に単純化して言いますが、社会は物質的な生産なくしては存立しえない、その生産は本質的に労働を不可欠にしている、その労働によって価値が生産され、人々の社会生活が保証される、この過程は歴史的にはいつの時代にも当てはまる普遍的な原理であり、ただその生産の様式が歴史的に変化する、というものです。これを理論化したのが、生産様式論であり、史的唯物論でした。労働者が主人公になり、権力をもつという展望もここから出ていると思います。

しかも、その生産様式は、「自然必然的」に変化し、発展するものだという認識ですね。社会主義は「必然的」なのだ、と。

【中村】生産様式論については、僕もそのように理解しているのですが、その上で、付け加えさせてもらいます。柄谷さんが交換様式論を提起するのは、「いかにして新たな世界システムに移行しうるか」という大テーマの解明にあると思います。しかも、交換様式論の提起自体が斬新で、独創的なものだけに、史的唯物論に囚われていては理解しがたい点が多くあります。そこで、いくつかの「論点」を

議論する前に、「交換様式とは何か」について、僕なりの理解を説明させていただきたいと思います。旧来の史的唯物論の思考から逃れていくために、交換様式論自体がどのような内容を持ったものなのかを、しっかり掴んで議論する必要があるように思います。交換様式論は、たんに史的唯物論の上に立ったものではなく、史的唯物論を改めて「科学」的に再構築しようとするものだからです。

【重本】　少し違った言い方をしますね。「史的唯物論」と「交換様式論」の関係ですが、柄谷さんはマルクスが資本の本質を商人資本においてみるという変遷をおこなったと指摘しています。つまり、当初、マルクスは、資本制経済はプルードンの言う流通過程における「交換の不正義」から生ずるのではないという批判から、リカードの剰余価値は生産過程における搾取から生じる点を評価し、生産点での闘いを強調しましたが、その後、剰余価値の実現は流通過程の「命がけの飛躍」を経なければならないとしてプルードンの流通過程に注目します。ここから、柄谷さんは、生産点での闘いと生産協同組合とオルターナティブ貨幣などの運動との結合を述べています。

【司会】　確かに、これまでは生産過程を中心に考え、流通過程は二次的で傍流の位置におかれていました。その根拠は剰余価値の「生産」という視角であり、剰余価値の「実現」の意味するところは軽視されてきましたよね。

【重本】　一八五〇年代末からの『資本論』（価値形態論）でのG―W―G'（一般的定式）においては、資本の本質を商人資本においてマルクスは捉えていると柄谷さんは言うのです。もちろん、産業資本も広い意味での商人資本の一変種であると捉えます。このことから、マルクスは生産様式論から交換様式論へと価値形態論を転回（変遷）したと言うのです。これは『資本論』を交換様式論として捉え返すことができるという主張かと思います。この交換様式論への転回のためには、『資本論』の生産様式論を自然史的立場からの「括弧入れ」論として位置づけることになります。すなわち、この自然史的立場とは、「いかなる意志、あるいは観念―とりわけ人間という観念―によっても消すことのできない関係の絶対性を取り出したということである。マルクスはその認識を『資本論』において貫いている。すなわち、諸個人を関係項に置かれた者としてのみ見る徹底的な視点（自然史的立場）において」（『トランスクリティーク』二五七頁）ということです。柄谷さんは、このあらゆる意志と観念の「括弧入れ」（＝「諸個人を関係項に置かれた者としてのみ見る徹底的な視点」）によってマルクスは『資本論』を書いたとし、ここから『資本論』を交換様式論として捉え返したのではないでしょうか。

【司会】　少々難しくなってきましたが、宮崎さんはどう考えていますか。

【宮崎】　先の私の発言とも関連しますが、資本の原点を生産や労働、さらには産業資本から考えるのではなく、商業資本こそ歴史的にも理論的にも先行する基本形態だということですね。

これまでの「労働価値説」に対する、いわば冒険的なアンチ・テーゼです。反対の命題、提言をしたということです。

ところで、重本さんが言われる『資本論』における「括弧入れ」とはどういうことですか。少し説明してくれませんか。

【重本】　柄谷さんは、「『資本論』を、資本＝理性に対する超越論的な批判として読むべきである」（『トランスクリティーク』二三五頁）とした上で、「『資本論』がとらえる歴史は、史的唯物論がとらえるような歴史とは違っている。マルクスの関心事は、エンゲルスその他のように、歴史全体を経済的下部構造から説明することにあるのではなかった。彼が見ようとしたのは、貨幣経済が組織するものとしての歴史である。彼は資本制市場経済が全世界を変形すること、そして、その力の源泉が資本の自己増殖の欲動（貨幣のフェティシズム）にあることを見いだした」（同二三六頁）と捉えます。

【宮崎】　ええ、よく分かります。「資本の自己増殖」という本質的な運動を資本の「欲動」と言っているわけですから、その「欲動」が全世界をその論理に従って変形させる、そうでしたよね。

【重本】　はい、他方で、マルクスは歴史過程としての原始的蓄積の実証的考察を加え、G―W―G'（商人資本）からG―（Pm＋A）―G'への変形、生産手段と労働力の分離（労働力の商品化）を捉えたとします。柄谷さんはこのように『資本論』を論理的・歴史的に捉えます。さらに、マルクスは、資本制経済のカテゴリーを用いる際に、多くの歴史的・偶然的な所与性を廃棄したのではなく、この多くの所与性を「括弧に入れている」とします。例えば、国家、様々な生産、様々な諸階級を「括弧に入れている」とします。その理由を、柄谷さんは、「国家の介入も非資本制的生産も、結局資本制経済の諸原理に従うほかないからであり、また資本制経済はその外部をその内的与件として繰り込むことができるからである」（『トランスクリティーク』二三七頁）と説明しています。要するに「繰り込むことができる」から「括弧に入れている」（一旦括弧に入れてもよい）ということになります。柄谷さんは「繰り込む」ことにおいて資本制経済のもつ「力」を捉えます。前述の「所与性」（国家、様々な生産、様々な諸階級）は廃棄されたのではなく「括弧に入れている」だけです。従って、この資本制経済のもつ「力」を「下部構造」としてマルクスは捉えていないということになります。このことから、この「繰り込む力」の謎の解明がマルクスの生涯における課題であったと柄谷さんは結論づけています。また、ここから「資本―ネーション―国家」（柄谷さんは「ボロネオの環」とも言っていますが）の三位一体の「内的構造」の謎を『資本論』は解明したと柄谷さんは主張しているかと思います。

【司会】 なるほど、「繰り込む」ということは「括弧入れ」を「外す」ということなのですね。その意味で、交換様式C（後述）の力が国家や「外部」の要件を「繰り込む」と理解してよいのですね。

【中村】 重本さんとは違った角度から発言させてもらいますが、さきにも指摘しましたように、「交換様式論」は「史的唯物論」を捉え直す意図が柄谷さんにはあったわけですが、それはストレートに行われたのではなく、『トランスクリティーク』を介してのことでした。この点を抜きにして議論できません。というのも、マルクスばかりでなく、カントとの関連でも「交換様式論」が提起されてきたからです。柄谷さんは、「社会哲学」の立場からとはいえ、「政治的上部構造」である国家を含め、近代社会をトータルに捉えて批判したカントの方法に、「新たな世界システムに移行」する基礎視座を見いだし、交換様式論を構想したように思えます。カントの世界共和国論に共鳴していくのも、交換様式論がマルクスをカントと「交差」させた結果ですが、柄谷さんによるカントの「吟味」は、交換様式論全体に「繰り込む」ものではないかと思えます。

【司会】 では、交換様式論の位置づけはこの辺りで終わり、具体的な内容に入っていきたいと思います。交換様式のA、B、CそしてDについてです。

どなたか解説していただけますか。

【中村】 柄谷さんが作成した図（『哲学の起源』一三七頁）を見ながら説明します。柄谷さんは、「世界史」の中で社会構成体は、四つの「交換様式」という要素をもち、それら複数の交換様式の「結合体」からなるものと捉えていきます。図1にあるように、四つの要素的な交換様式A、B、C、Dがあるとし、社会構成体を構成し、人間を拘束・抑圧しているのが交換様式A、B、Cであり、交換様式Dはそれらを超えていく交換様式（「力」）として位置づけられるものです。それぞれの交換様式について、柄谷さんの言葉を借りて説明しますと、次のようになります。

「この中で、通常『交換』と考えられるのは商品交換、すなわち交換様式Cである。しかし、共同体や家族の内部で見られるのは、そのような交換ではなく、贈与とお返しという互酬交換、すなわち交換様式Aである。つぎに、交換様式Bは、一見すると交換とは見えないようなタイプの交換である。たとえば、被支配者が支配者に服従することによって安寧を得るというような交換がそれである。国家

B　略取と再分配（支配と保護）	A　互　酬（贈与と返礼）
C　商品交換（貨幣と商品）	D　X

図1　交換様式

B　国　家	A　ネーション
C　資　本	D　X

図2　資本＝ネーション＝国家の構造

B　世界＝帝国	A　ミニ世界システム
C　世界＝経済（近代世界システム）	D　世界共和国

図3　世界システムの諸段階

はこのような交換様式Bにもとづくのである。さらに、交換様式Cは、一見すると自由で対等な交換でありながら、貨幣をもつ者と商品をもつ者の間の非対称性があるため、それがBのそれとは異なるタイプの階級関係をもたらす。

　最後に、交換様式Dは、交換様式Aが交換様式B・Cによって解体されたのちに、それを高次元で回復するものである。言いかえれば、互酬原理によって成り立つ社会が国家の支配や貨幣経済の浸透によって解体されたとき、そこにあった互酬的＝相互扶助的な関係を高次元で回復するものがDである。Dに関して重要な点は、第一に、A・B・Cと異なり、想像的な次元に存在するということである。またDはたとえ想像的なものであるとしても、たんなる人間の願望や想像ではなく、むしろ人間の意志に反して生まれてくるものである。」（『哲学の起源』一三五～一三六頁）

【重本】　BとCは理解しやすいのですが、AとDはちょっと、やっかいですね。

【中村】　確かに、やっかいです。社会構成体を構成する交換様式として、なじみにくいものが交換様式Aの「互酬」です。先にみた史的唯物論の「定式」からすれば、交換様式のBとCは、土台―上部構造に区別されてきたものに相当するように考えられてイメージしやすい。しかし、上部構造という規定は外されるものの、それを二分化して交換様式B「国家」と交換様式A「互酬」とを区別するのは、すぐに了解しがたいものがあります。とはいえ、近代国家は、**Nation-State**（国民国家）と言われるように**Nation**（国民）と**State**（国家）とが独自な領域をもっているように思えます。柄谷さんは、これを交換様式の視点から、明確に区分したわけです。支配装置としてある国家と、国民として秩序づけられた集合は、たしかに異なった内容があり、その存在根拠も同一化して見ることはできません。「国家」は、「被支配者が支配者に服従することによって安寧を得る」という交換様式Bがあり、また「国民」は、日本で言えば「世間」や「タテ社会」の特徴として捉えられてくるような「贈与とお返し」という交換様式Aがあり、それらがそれぞれに固有の交換様式として成立し、「固有の力」が働いていると説いています。それでも、交換様式Bの「国家」はすぐに納得できるものの、交換様式Aの「ネーション」となると、超越論的な方法から離れ、漠然と「国民生活」のさまざまな「共同」シーンを思い浮かべてしまい、「贈与とお返し」にある権力関係が捉えにくくなります。やはり、伝統的な思考習慣が邪魔してしまうんですね。

【司会】 Dについてもう少し説明を加えていただけますか。

【重本】 私はこう考えますが、中村さんと若干異なるかもしれません。交換様式A・B・Cと交換様式Dの関係を、柄谷さんは、まず交換形態としての超越論的な遡行として、これらの四つの形態を捉えます。その際、「贈与の互酬制」（A）と「収奪と再配分」（B）、そして「貨幣による商品交換」（C）を「三位一体」として捉えます。そして、この「三位一体」の中身は、資本の運動が現実に「社会的関係」を世界的に組織することを意味します。ここでの交換形態（C）の「貨幣」は単なる仮象ではなく「超越論的仮象」として柄谷さんは捉えます。つまり、「三位一体」の三つの交換形態はこの「貨幣」による商品交換を中心に「社会的関係」を世界的に組織します。そこに四つ目の交換形態（D）＝アソシエーションが対抗関係として位置づけられます。このアソシエーションも「超越論的仮象」であり、これを中核として、「三位一体」の世界的構造と機能を組織することは果たして可能か、この課題を柄谷さんは提起しています。生産様式論ではなく交換様式論こそがこの課題を可能にするとします。この「超越論的仮象」は「言語的形式」としての把握（超越論的認識）ということになります。そして、この「超越論的認識」にとっては倫理的な介入が不可避であるとしています。「超越論的」とは、「経験」を可能にする感性、悟性、そしてこれをまとめる統覚の働きを吟味することです。そこでは、三つの交換形態（三位一体）での世界的構造と機能を吟味するとともに、それとの対抗としてのアソシエーションの構造と機能も吟味されなければならない。では、アソシエーションの構造と機能の「経験」とは何か。それは、これまでの協同組合、オルターナティブ貨幣などの取り組みの「経験」です。この取り組みをどう吟味すればいいのでしょうか。私にとってこれは社会経営学（ソーシャル・マネジメント）の課題なのです。

【宮崎】 私が頭を悩ませているのは、交換様式Dが「交換様式Aの高次の回復」などと言われていますが、特に「高次の」というのは、いわゆる「市民社会」を経過したのちの、というような意味でしょうか。たとえば、マルクスの「資本の文明化作用」というような。

【中村】 「資本＝ネーション＝国家」を超える交換様式

Dという点では、そのような意味も想起されますが、そうではないように思います。『世界史の構造』では、交換様式Dは二度表れてきます。「世界＝帝国」の段階、そして「資本＝ネーション＝国家」を構成していく「世界＝経済」の段階です。前者が、「普遍宗教」として取り上げられる交換様式Dで、後者が「アソシエーション」や「X」と表現されるものです。これらは、いずれも「交換様式Aの高次の回復」と呼ぶものですが、この点、柄谷さんは、「普遍宗教」との関係で次のように述べられている箇所があります。大事な点ですので、引用させてください。

「交換様式Dにおいて交換様式Aがより高次の次元で回復される、と私は述べたが、この場合、回復と言うよりも『抑圧されたものの回帰』と言うべきである。つまり、それはノスタルジックな回復とは異なるのだ。エルンスト・ブロッホは、フロイトの『無意識』概念に対して、『未だ―意識されないもの』(das Noch-Nicht-Bewußte) という概念を立てた。この見方は、フロイトが言う『抑圧されたものの回帰』を、過去にあったもののノスタルジックな回復とみなすことである。しかし、むろん、そうではない。ブロッホが言う『未だ―意識されないもの』こそ、『抑圧されたものの回帰』としてのみ生まれるのである。それは、人が空想するような恣意的なユートピアではありえない。」(『世界史の構造』二二七頁)

【司会】 「抑圧されたものの回帰」という場合、「抑圧されたもの」とは何かが、問われますね。そこがポイントになるかと思いますが。

【中村】 そうです。「交換様式Aの高次の回復」というのは、正確には、「抑圧されたものの回帰」であり、「回帰」するものは「未だ―意識されないもの」とされています。交換様式論としての「史的唯物論」の検討という文脈と結び付けて言えば、交換様式Aにあって「高次」とみなしうるのは、贈与―返礼の拘束性を脱した「互酬」＝「純粋贈与」ではないでしょうか。交換様式Dが出現した「世界＝帝国」の段階において、交換様式Aは「ミニ世界システム」以前にあった自由・平等な「原遊動性」＝「純粋贈与」が、「抑圧されたものの回帰」としてあらわれた、それが「普遍宗教」と把握されています。また現段階では、宗教に限定されることがなく、交換様式A・B・Cがもつ「力」への「様々な対抗可能性」(「交換様式論入門」一六頁) として「純粋贈与」が語られています。これが、柄谷さんが「交換様式Aの高次の回復」に込めた意味ではなかったかと思います。この点は、「世界史」に関わってきます。『帝国の構造』(青土社)、『哲学の起源』(岩波現代文庫)、『遊動論』(文藝春秋) など、他の著書とも関連した別の「鼎談」が必要になってきますね。これは僕らにはきついテーマですが。

【宮崎】　「純粋贈与」が交換様式Dの内容ということですね。イメージが湧いてきました。ただ、それが「無意識」のレベルから発したとなると、もう認識の話ではなくなりますから、何か彼岸のストーリィに感じられます。

3. 「トランスクリティーク」という挑戦 ――カントとマルクス

【司会】　では、アソシエーションを展望する思考実験とでも言うべき「トランスクリティーク」に話を移したいと思います。

【宮崎】　ごめんなさい、確認ですが、それは、著書としての『トランスクリティーク』についてですか。問題は、やはり同著で論じられている論点であり、その核心部分の考え方だと思うのですが…。

柄谷さんが交換様式論をまとめていく上で、どのような思考を重ね、考え方を発展させたのか、ということだと思います。簡単に、「方法」と言っていいのかもしれませんが、それは柄谷さん、否定していいます。私なりの解釈では、社会構成体として世界史を論じるための方法ということではなく、自分の問題として受け止めて、これを主体的な姿勢で受け止める挑戦的なプロセスを論じたものだと思うのです。いわば、思考の実験、そのドキュメントです。自己言及的な、つまり自分と対象との密接な関係を意識してのことだと思います。

【司会】　かいつまんで言えば、認識することの意味と限界でしょうか。主観としての認識が普遍性をもつということ、つまり「客観的」であることをいかに証明するか、ということだと思うのです。主観＝客観という枠組みではなく、「普遍性」とは何かを問うていると思います。

【宮崎】　繰り返しになりますが、これまで「客観的」ということが科学の方法であると考えてきました。少なくとも、「主観的」ということは、個々の人間が「勝手に」「思い込んだ」ことであって、それは「事実としての」存在とはかけ離れたものでしかない、というように解釈されてきたと思うのです。

つまり、「客観的」と言われてきたことは、事実としてあるということが、誰がそう言うのか、何を根拠にそう言うのか、後で問題になると思うのですが、「物自体」という言葉で表現される、その「対象」のことです。神様以外にそれを解き明かすことができないのですから、それは私たち人間の主観、認識の間での問題になります。

【重本】　そうですね。そこでまず、「科学的方法」とはどういうことか、ということから述べさせてください。「トランスクリティーク」は「近代科学論」批判という内容を持っているからです。後で議論したい「市民科学」を積極的に提示する言い分でもあります。
　柄谷さんは科学的判断の対象は倫理的判断と美的判断を括弧に入れることによって対象が見えてくるとしています。このことによって科学が成り立つ。この括弧を外すと（倫理的判断、美的判断を含めると）対象は見えてこない。「倫理」と「美」を括弧に入れることが「科学」だとの考えで近代科学は成立し発展してきた。この三つの判断をふまえた対象設定は「物自体」です。それはリアルなもの、「存在する」ものです。しかし、認識も分析もできない。何故なら「物自体」は認識主体と認識対象との関係性を包含しているからです。例えば、人間の顔は当人には見えないのと同様で、主体との関係性を含む「物自体」は主体には見えないということです。「認識が対象に従う」という「天動説」は、カントによって「対象が認識に従う」という「地動説」、つまりコペルニクス的転回（カント的転回）を遂げたのです。カント以降の研究業績は、柄谷さんによれば、フロイトの「精神分析学」もこの転回による認識成果（業績）です。マルクスの認識成果（『資本論』）もこのカント的転回の枠内にあり、これがカントとマルクスのトランスクリティークの起点なのです。これは私にとって衝撃的な捉え方でした。

【司会】　いうなれば、認識するということは、個人的で主観的なことですね。その主観的な認識が、「普遍性」を持つということは、ありえない話だと思われてきたのですが、カントはその問題にチャレンジしたわけです。柄谷さんの言う「カント的転回」ですね。

【重本】　柄谷さんは言っています。「カントは『純粋理性批判』において形而上学・神学を斥け、『実践理性批判』においてそれを取り返したかのようにいわれている。しかし、彼は後者においても形而上学・神学を斥けている。彼は宗教をあくまで仮象と見なしているが、それを超越論的仮象あるいは『統整的理念』としてのみ認める。たとえば、普遍的な道徳法則によって生きる者は、現実には、悲惨な目に遭うだろう。人間の不死と神の審判がないかぎり、それは不条理に終るほかない。だから、カントはそのような『信』を、統整的理念（超越論的仮象）として認める。ただそれを理論的に証明するような試み（形而上学）を拒絶するのである。これは『純粋理性批判』における彼の態度と少しも違わない。カントは理論（綜合的＝拡張的判断）もまた、仮象であれ、一定の信仰なしにありえないことをいっているのである」（『トランスクリティーク』七九～八〇頁）。

【司会】　それはどういうことでしょうか。
　認識するということと、「道徳法則」…倫理的・実践的な領域の話ですが…とを区別するのが大事ですね。でも、ひとたびの認識である「仮象」というものも、「信仰」なしではありえないという話は分かりにくいです。

【重本】　つまり、「個人の道徳的実践」は、カントにおいて「超越論的仮象」あるいは「統制的理念」としてのみ認められます。つまり、これを理論的に証明することを拒絶するという点です。

【司会】どういうことでしょうか、もう少し説明をお願いします。

【重本】　なぜ拒絶するのかということですが、それは、「市民社会の限界を超える方法」は「理論的証明」の領域のことではないからです。ここがポイントです。

そこには、主観に現れる現象としての物ではなく、主観とは独立にそれ自体として存在する「物」（＝市民社会、資本主義社会）と考えられ、その「物」を「物自体」としています。この「物自体」は認識することも理論的に証明することもできない。この「物自体」は「超越論的な他者」です。柄谷さんは次のように述べます。

「要するに、理論的・実践的・美的というような区別によって、カントが追求していた問題を見逃してはならない。重要なのは、カントが『普遍性』を求めたとき、不可避的に、『他者』を導入しなければならなかったこと、その他者は共同主観性や共通感覚において私と同一化できるような相手ではないということである。それは超越的な他者（神）ではなくて、超越論的な他者である。そのような他者は『相対主義』をもたらすのではなく、それのみが普遍性を可能にするのだ」（同八〇頁）。

【司会】　普遍性を求めるということは、「他者」を導入するということだと言われるのですね。

【重本】　私が注目したいのは、理論（綜合的＝拡張的判断）、統整的理念（超越論的仮象）において「一定の信仰」（仮象）が必要であると述べ、その「普遍性」を求める時、その「一定の信仰」（仮象）は「超越論的な他者（未来の他者を含む）」（＝「他者性」）を必要とするという点です。「カント的転回」とは、このことを意味します。現象（仮象）を単に描写するのではなく、この現象（仮象）に他者性（「物自体」）を組み込む理論なのです。カントを「観念論者」として捉えることの誤りに気付かされたのです。「他者性」の導入による普遍性の獲得です。初期疎外論・物象化論、経済学批判、資本論、そして晩期マルクスの一連の研究業績に「カント的転回」を読み取るのです。柄谷さんの生産様式論から交換様式論への展開は、この「カント的転回」（認識論）における「他者性」とマルクス理論（『資本論』）とのトランスクリティーク（＝絶え間ない移動）でした。こうしたマルクス理論（超越論的認識）も「カント的転回」の枠内にある理論として柄谷さんは位置付けたと思います。

【中村】　「『他者性』の導入による普遍性の獲得」とい

った場合、交換様式論では、とりわけ交換様式Dと関連していると思います。交換様式A、B、Cにおける他者は、まずは、それぞれの交換関係に立って「手段」とみなしていく他者が問題となってくるわけですが、交換様式Dの他者は、それらと交換様式A、B、Cを超えるものであり、それとは異なる「他者」です。カントは、その「超えていく論理」として、「君の人格ならびにすべての他者の人格における人間性を、けっしてたんに手段としてのみ用いるのみならず、つねに同時に目的として用いるように行為せよ」と言いましたが、その点からすると交換様式Dは、他者の自由な人格を「目的として用いる」関係、したがってまた倫理的・実践的であらざるをえない関係において捉えられるものであり、その限りでの「普遍性」ということになります。したがって、「超越論的な仮象」として理論的に捉えていく際には、結局のところ、交換様式「X」（超越論的な他者との関係）としか捉えようがないのではないでしょうか。具体的には、交換様式の歴史的な文脈をふまえて、例えば「普遍宗教」と捉えることもできますが、「歴史発展法則」として捉えることはできない。今日では、むしろ想像的、コミュニケーション的、かつ創造的な世界でしかないでしょう。

しかし、ここで問題になるのが、他者の人格を「目的として用いる」関係がどこから来るのかという点の理解です。カントは「定言命法」（至上命法）で説明しましたが、柄谷さんは『倫理21』の中で、「カントは自由を義務として見たのに対し、サルトルは、『人間は自由という刑に処せられている』といった」（六六頁）と述べながら、サルトルが「人間は根本的に自由であるという条件をまぬかれない」と見た点に、その根拠を見ようとされているように思えます。この点は、「普遍性」の根本的な理論問題ではないかと思いますが、また僕もやはりサルトルに共感しますが、この鼎談の範囲では、これ以上、立ち入れません。しかし、『『他者性』の導入による普遍性の獲得」といった問題は、交換様式A、B、Cを超えていく現実的な世界システム移行の問題とも関わっており、実践的な具体的問題との関連で提起されています。したがって、この点と関わったレベルにおいても交換様式Dの性格は絶えず議論されてくるように思います。

【司会】　宮崎さん、この点、どのように考えておられますか？

【宮崎】　私も、認識の普遍性ということを考える場合、神の存在を前提にするのではなく「他者」とのコミュニケーションが不可欠だと思います。主観性が普遍性をもつということ、これを証明するという難儀をカント、そして柄谷さんが引き受けたのだと思います。

ただ、私はトランスクリティークが、「神技」だとは思いません。
確かに、柄谷さんは天才で、この「技」を凡人である私には真似できないのですが、間違っているかもしれませんが、卑俗な例で考えています。
平行線というのは、交わることのない決定的な溝と理解されています。ハンチントンが言ったように、キリスト教徒とイスラム教徒の対立は、これまでも、これからも絶対的な対立であるかのように言われています。パレスチナ問題もありますし、これまで議論してきた唯物論と観念論の対立もそうです。
この平行線を当然のごとく認めることは、認識の普遍性を否定することです。解決不能と思われる平行線を乗り越えること、カントの言い方で言えば「超越論的」に乗り越えることが、世界の人々の安寧を実現するために必要なことなのです。

【司会】 普遍性と「安寧」が結びつくのですか。

【宮崎】 はい、そうです。というか、そこがカント、マルクス、柄谷理論の肝だと思うのです。
平行線の問題で言えば、その解決策は、全く不明で未知であるかもしれません。「解」はいわば、カントのいう「物自体」であって、なかなか認識できません。でも、未来の「他者」も含めて、世界の「他者」の意見を聞くことによって、ある「解決策」が見出されたとしましょう。そうすることによって「安寧」が実現するとすれば、普遍性と「安寧」は密接に繋がっていることを意味します。
俗に「他人の意見を聞け」と言います。もちろん、「音」として聞くのではなく、「意味」として聞くということですね。そんなに特別なことではない。

【重本】 それは「超越論的仮象」ということですか。

【宮崎】 はい、私の俗っぽい理解ではそうです。平行線と思われた認識の溝を、ともかくも埋められるような解決策は、しかし数日後には夢と消えてしまうかもしれません。でもその「仮象」は人びとの叡智によって作られたものであって、無駄なことではなかったはずです。その後、さらに「超越論的」な議論をくり返して、また新たな「超越論的」な解決策を求めるわけです。そこに、倫理的で、実践的な要素が、不可欠な要素として入り込んでいると思うのです。
信仰の力というか、信じる力があって、それが大きくはたらいたからこそ、次なる「超越論的仮象」に向かうのです。「統整的理念」ですね。この点は、また日本国憲法の第九条に関連して述べたいと思います。

【司会】 それが「世界共和国」の構想、理念に結びつくというわけですね。国際連盟や国際連合の意義を考えると、宮崎さんが言われる「超越論的仮象」も何やらリアルに感じられます。

では、次に「世界共和国への道」へと話を進めたいと思います。

4．世界共和国への道―憲法第九条と対抗運動

【司会】　著書『トランスクリティーク』や『世界史の構造』を読み解くことは、簡単なことではありませんが、それでも『世界共和国へ』や『憲法の無意識』は比較的分かりやすく読むことができました。

その時、思わず、ジョン・レノンの「イマジン」を思い浮かべたことを思い出します。国境と戦争のない世界です。

【宮崎】　最初にも言いましたが、『世界共和国へ』は衝撃的で、一気に読みました。私たち国民は、なんとなく疑問を感じながら、ともかくも「資本＝ステート＝ネーション」の三位一体の支配体制の中で生活しています。

しかし、戦争の危機、コロナパンデミックの災厄、環境問題の深刻さなど、国民国家の体制では解決不能な課題が重層的に累積しています。そんな中で「世界共和国」を切望する声が次第に大きくなってきていると思います。

【司会】　そこで本題に入る前に、まず「資本主義永続論」、つまり「社会主義否定論」が前提におかれて、世界共和国など「夢のまた夢」という意見があります。さらには、革命など「ありえない」という考えが多いのではないでしょうか。その意味では、柄谷さんは「とんでもない」ことを言っていることになります。

そこで、世界共和国を論じる前に、この社会を積極的な意味で「市民社会」と位置付けて、歴史的な「進歩的」側面を主張する意見がありますので、この点について皆さんのお考えを聞きたいです。どう考えていますか。そう楽観的に捉えることは難しいですよね。簡単にお願いします。

【中村】　私はマルクスの市民社会論との関係を意識しています。

まず、マルクスの言うところを紹介します（『経済学批判要綱』一八五七～八年執筆）。こう言ってます。

「われわれが歴史を遠くさかのぼればさかのぼるほど、個人――したがってまた生産する個人は、ますます非自立的なものとして、いっそう大きな一つの全体に属するものとして現れる。すなわち、最初は、なおまったく自然な仕方で、家族に、そして種族にまで拡大された家族に属するものとして、のちには種族の対立と融合とから生じるさまざまな形態の共同体に属するものとして現れる。一八世紀に『市民社会』ではじめて、種々の形態の社会的連携は、個人の私的目的のための単なる手段として、外的必然として、個々人に対立するようになる。だが、このような立場、個別化された個々人の立場を生みだす時代こそ、まさにそれまでのうちでもっとも発展した社会的な（この立場から

みて一般的な）諸関係の時代なのである」（同上、I、大月書店、六頁）。

マルクスは、ヨーロッパの一八世紀において、「種々の形態の社会的連携は、個人の私的目的のための単なる手段として、外的必然として、個々人に対立する」という「市民社会」を見ていました。また、カントは、この「市民社会」に生きて、「個人の私的目的のための単なる手段」とする「社会的連携」を批判して、「君の人格ならびにすべての他者の人格における人間性を、けっしてたんに手段としてのみ用いるのみならず、つねに同時に目的として用いるように行為せよ」（『道徳形而上学の基礎づけ』一七八五年、柄谷行人訳）と主張していたのです。

【司会】　ということは、「市民社会」とは個々人に対して「対立」し、個々人を「単なる手段」として扱う社会ということですか。

【中村】　マルクスは、みなさんもご存知の『資本論』（一八六七年）において、他者を手段化する「市民社会」の経済的構造を批判的に分析していったわけですが、カントは、すでにこの時、個人の道徳的実践を通じて市民社会の限界を超える方法を提起していたわけです。こんなカントを見逃していたなんて、まさに頭をガーンと殴られた感じです。カントの主張は、たんなる私的個人ではなく、人間の自然的特性である「個人の意志とその自由」に立脚した「人間理性」によってなされたものであり、普遍的な個人のあり方を提起するものでした。柄谷さんは、「新自由主義」が権勢をふるう世界資本主義にあって、改めてカントに注目し、マルクスと「交差」させながら、交換様式の観点から、カントの問題提起を「史的唯物論」に生かそうとしている。近代的個人（社会）を超えて、他者の人間性を「目的として用いる」普遍的個人（単独者＝世界市民）が交換様式論でも追求されているように思えるのです。

【司会】　「普遍的個人」という、コトバとしては分かりますが、やはりその意味は深遠ですね。少なくとも、私たちが生きているこの社会は、「近代的個人」として生きることを余儀なくされており、いわば交換様式A、B、Cによってがんじがらめに置かれているということです。飛躍するようですが、この社会を「世界共和国」へと導くことは至難の業ですが…。

【宮崎】　柄谷さんも、「ボロネオの環」を打ち破ることは非常に難しいと言ってます。そう簡単ではない。それほど強固なのです。見田宗介さんは、『現代社会論』（岩波新書）や『現代社会はどこに向かうか』（同）の中で、資本主義の「自己準拠化」、オートポイエーシスということを言ってます。一九二〇年代アメリカにおける自動車メーカー、フォード社とG・M社の競争の中で、市場が「必要」

から「欲望」に変わったことを根拠にしています。つまり、無限に存在する欲望に依拠して、資本主義は初めて自立した存在、純粋な資本主義になったというわけで、見田さんの議論では資本主義は永続的な存在です。

【重本】　自己準拠＝オートポイエーシスとは、社会学ではニコラス・ルーマンがシステム理論、自己組織化論として使った言葉のようですが、自分の都合で自己の存在領域を作り出すような仕組みをもつもののことですね。オートポイエーシスはもともと生体システムでの諸要素の継続的な再生産、つまり異物・ゆらぎ・矛盾なりを通した自己組織化・秩序形成を意味します。柄谷さんは、マルクスの価値形態論における貨幣の独自の位相として、「貨幣は、たんに価値を標示するものではなく、それを通した交換を通して、すべての生産物の価値関係を調整するものだ。したがって、貨幣は全商品の関係体系の体系性として、すなわち、超越論的統覚Xとしてある」（『トランスクリティーク』四四四頁）と言っています。様々な要素・存在をまとめ上げる（自己組織化する）超越論的統覚Xとしての貨幣は、「全商品の関係体系の体系性」、つまり自己準拠システム、自律的システムの機能をもっているということかと思います。

【宮崎】　「超越論的統覚X」という理解の難しい言葉が出てきましたが、「自己組織化」の根源は貨幣＝資本にあるということでしょうか。

私にとっての、柄谷さんの「オートポイエーシス」論は「目からウロコ」でした。というのは、労働者は消費者でもあり、また消費者運動は労働運動でもあるという視点です。

労働力商品として自分を販売し、その資本の下で生産した商品を、今度は消費者の立場になって、それらの諸商品を「買い戻す」、それが「自己準拠化」の根拠になっているのです。皮肉な話ですが、「命がけの飛躍」を労働者が消費者に身を替えて、成功裏に導くという論理です。労働力商品が広範に、グローバル化していくということは、世界中の資本主義がオートポイエーシスの論理に従うということでしょう。

もちろん、柄谷さんは資本主義が永続的であると主張しているわけではありません。その「命がけの飛躍」の成否が労働者にかかっているわけですから、労働者である消費者が「購買ボイコット」をすれば、その「自己準拠化」も雲散霧消しますから。

【司会】　資本主義の「オートポイエーシス」自体が、「命がけの飛躍」にその存続が左右されますね。そこに資本主義を超えるチャンスがあり、労働者の自由もあるわけで、この点、見田さんの論理とは異なっています。

【中村】　見田さんの議論には、資本主義の「オートポイエーシス」自体に対する「変革の自由」の問題がありません。消費の魅力性はなにより資本主義の生命線であるかのように扱われています。しかし、柄谷さんは「自由」の問題を重視しています。

労働者の消費者運動は、たんに商品の売買過程にとどまりません。その過程は、「育児・教育・娯楽・地域活動をふくめて広範囲に及ぶ」ところの「労働力の再生産としての消費過程」を背景にもっています。この点をふまえて柄谷さんは、「労働力の再生産過程を、資本が自己実現するために通過せねばならない流通過程として、そして、そこにおいて労働者が主体的であるような「場」としてとらえなおすことなのだ。」(『トランスクリティーク』三九〇〜四〇〇頁)と語っています。消費者運動には、マーケットの「場」における問題だけでなく、その背景にある「消費過程」の問題があります。柄谷さんは、マーケットの場(「価格」・「使用価値」)の問題を、資本の再生産過程として捉えるだけでなく、そこに労働者が主体化する「自由の問題」を掴みだす論理を考えているのです。

【司会】　自由の問題は、これまで議論してきたように、交換様式論からみた史的唯物論の原点にあった問題ですね。それとの関連でいうと、どのように言えますか?

【中村】　僕が重要だと思えるのは、「自然と自由」という問題設定です。柄谷さんの原点は徹底した自由論にあり、また、その自由論はカントの問題設定の中に生かされているように思います。カントは、「純粋理性批判」と「実践理性批判」において、「存在」(sein)と「当為」(sollen)の問題を区分し、人間の存在構造としての「自然(史)」と自律的な道徳的実践としての「自由」とを区別して捉えたわけですが、柄谷さんも、この問題設定の上に立っています。その上で柄谷さんは、『トランスクリティーク』において交換様式の視点を提起し、また『世界史の構造』では、交換様式論を展開し、「自然(史)」=「世界史」の「構造」を明らかにしています。この中で、柄谷さんは、「自由」を獲得していく立場から出発して「自然」の問題を取り上げているわけですが、「自然」に対する理論的な認識としても、他者を「道具」としてみなし、人間の自由を拘束・抑圧してきた「自然(史)」の「構造」(カントの『普遍史』)が問題化されてくることになります。したがって、『世界史の構造』にあっては、「拘束・抑圧」を生み出す「力」をもつ三つの交換様式が取り上げられ、そしてまたそれらを超える交換様式Dが、その「構造」の中に置かれることになります。「世界史の構造」には、自由を拘束する歴史であるとともに、その拘束・抑圧を止揚していく交換様式(「統整的理念」)としての「力」が位置付けられてくるのです。ですので、柄谷さんにとって、人間の自由の問題は、資本主義にとどまらず、人間の自然史における問題として根源的に捉えていく問題としてあったわけです。今日に生きる人間の自由（当為）は、資本主義の変革との関連で捉えられるばかりか、人間の「自然（史）」において提起されたものだと受け止めていく必要があるのではないでしょうか。

【司会】　確かに、見田さんの議論では「労働力の商品化」ということについては、特に問題視していません。そこに注目したのが柄谷さんで、カントを援用して言うところの「他者を手段とみなす」問題なのですね。ここに「自然と自由」という問題設定があるというのが中村さんの見解です。

【重本】　カントのテーゼは、一方で自由を認めており、ここでは道徳的・倫理的判断が行われます。この自由には「責任あり」となります。他方で、アンチテーゼは一切の自由を認めず、そこでは認識的・科学的判断が行われます。ここでは「責任なし」となります。そしてカントはこの両者を両立させます（『倫理21』七三頁）。「自由は、『自由であれ』という命令（義務）においてのみ存在する」（同七六頁）、ここでは決定論的因果性（認識的・科学的判断）を括弧に入れています。「事実上自由はなかったにもかかわらず、自由であったかのように見なされなければならない」（同七八頁）というのです。柄谷さんは、カントは「自由という観点から道徳性を見た」とし、「自由なくして、善悪はない」（同七九頁）とするのです。「至上命令」としての「自由であれ」、現実は不自由である（自然的・社会的因果性）にもかかわらず、人は自由であらねばならない。自由から道徳的・倫理的判断（善か悪か）が問われるのです。道徳・倫理は人にとって不自由を意味するのではなく自由を意味する。その自由は「自由であれ」という命令（義務）に従うことであり、そこにおいてはじめて道徳・倫理が存在するのです。今、「学問の自由」が揺らいでいますが、このカントをふまえるならば、「学問の自由」などは一切ないと認めながらも「学問の自由」があるかのようにみなさなければならない。それは、「至上命令」（義務）としての「学問の自由であれ」であり、市民あるいは「国民」の、とりわけ学問にたずさわる者の道徳・倫理なのです。自由と離れて道徳・倫理はないということなのです。

【宮崎】　重本さんは、柄谷さんを引用してカントの言葉を紹介しました。「至上命令」とか「自由であれ」という「命令」「義務」の話です。これは私も随分と頭を悩ませました。言葉の響きが混乱を起こす理由のひとつだとは思うのですが、その「命令」とか「義務」というのは、どこから発せられる「至上命令」なのかという疑問があります。

推測ですが、これは、これまで何回も議論してきた「交換様式Ａの高次の回復」、「抑圧されたものの回帰」とも関係するのでしょうね。また、フロイトを援用した「無意識」

ともつながるのでしょうが、これは私自身の研究課題です。

【司会】　自由とは、哲学、思想の問題として語るだけではなく、国家間の問題、特に戦争に関わって議論することが重要だと思います。それでは、本題の「世界共和国」とは何か、カントの「永遠平和」論との関係など、まだ論じられていないのでお願いします。

ともかく、「世界共和国」など夢物語で、実現可能性は限りなくゼロに近いという意見が多いように思います。他方、大澤真幸さんは、『コロナ時代の哲学』（左右社）の中で、コロナ禍との関連ですが「世界共和国」の必要性や、「世界同時革命」の話が出てきます。でも、まだ少数です。

【重本】　カントは、永遠平和の保証として「世界共和国」＝国家を乗り越える「国家連合」あるいは「諸国家の連合的合一」を構想しました。この「国家を乗り越える」の「国家」の位置付け・役割を『世界史の構造』の中で柄谷さんは強調しています。「国家と法がなければ、商品交換は成り立たない」（同二三頁）、また「産業革命は世界市場を前提し、また、世界市場の覇権を争う国家の主導によって起こったのだ」（同一〇〇頁）と、国家の積極的役割を捉えます。さらに、「近代国家は基本的にそれ以前の国家と異なるものではない」、「市民革命は、中央集権化という点では、それをいっそう推進したのである」（同四四頁）と捉えています。カントの言う「世界共和国」（国家を乗り越える「国家連合」あるいは「諸国家の連合的合一」）はまずこの国家の性格を揚棄しなければならないと言えます。

【司会】　国家の性格を揚棄することと「世界共和国」という「国家連合」の構想はどのようにつながるのでしょうか。また、このことがカントの永遠平和論の核心ではないかと思うのですが。

【重本】　柄谷さんは、『世界史の構造』において、交換様式Bの「東洋的帝国」を中心に、「周辺」と「亜周辺」としての国家間のあり方を捉えます。重要なのはこの国家間のあり方であり、これを中心に交換様式A、B、C、Dの相互の関係が説明されています。特に普遍宗教の出現によって交換様式Dにおける国家間のあり方へと展開されていると言えます。この普遍宗教と交換様式の関連を、「普遍宗教がもたらしたのは、たんに国家や共同体から離れた個人が直接に神と関係するということではない。むしろ、それを通して、個人と個人の関係を新たに創り出すことである。実際、普遍宗教では『愛』や『慈悲』が説かれる。交換様式という観点から見れば、それは純粋贈与（無償の贈与）である」（同一一八頁）と述べます。この国家や共同体における個人と個人の関係において交換様式Dは交換様式Aを高次に回復すると言うのです。

【司会】　ええ、その点は「2．生産様式論から交換様式論へ―柄谷的転回」でも議論になりました。

【重本】　はい、そうです。繰り返しになるかもしれませんが、この回復の過程では、交換様式A、B、C、Dの相互の関係の中で、特に交換様式BとDの対抗関係が重要となります。この対抗関係の下で交換様式Aの回復が交換様式Cにおける国民国家（近代国家）と資本を「統御する」ことによって可能となると捉えられているように思います。これが国家を乗り越える「国家連合」＝「国際連合」としての「世界共和国」（アソシエーション連合）であり、永遠平和の保証としての「世界共和国」であると私は捉えています。

【司会】　『世界共和国へ』の最後の方で、柄谷さんは「人類にとって致命的なカタストロフがおこる前に」何とかしなければならないと述べています。その人類の課題とは、戦争であり、環境破壊であり、そして経済的格差です。今から手を付けなければ、「破局への道をたどるほかありません」と、強い危機感をもっています。

【中村】　柄谷さんの「世界共和国」論は、先に重本さんが指摘したように、カントの「永遠平和」論とつながったものです。この点、『憲法の無意識』のなかで、次のように明快に語られています。

「カントがいう『永遠平和』とは、たんなる『休戦』ではなく、戦争の原因である国家間の敵対性が終わることです。それは実質的には『国家の揚棄』を意味します。国家は他の国家に対してあるのだから、そこに敵対性がなくなるならば、国家は存在しなくなる。厳密にいうと、社会的国家は残りますが、政治的国家は消滅する。カントがいう『世界共和国』とは、そのような状態です」（一〇六頁）。

このように柄谷さんは、カントの「永遠平和」論が「戦争の原因である国家間の敵対性」を終わらせることにあり、実質的な「国家の揚棄」論だと評価しているわけです。そして「世界共和国」は、この「敵対性」がなくなった「状態」とみなしています。

【司会】　しかし、実際に、「国家間の敵対性」を終わらせるのは簡単ではありませんね。「力がなければ平和はありえない」わけですから。この「力」はどこから来ると考えたらいいのですか。

【中村】　その点を解明したものこそ、『世界史の構造』であったのであり、交換様式A、B、Cを超える交換様式Dの探究ではなかったかと思います。繰り返すようですが、資本主義の発展においては、交換様式C「資本」、B「国家」によって交換様式A「ネーション」（互酬）が解体されていきます。また、「抑圧されたもの（原遊動性）の回帰」として交換様式D「純粋贈与」が構成されざるをえません。この交換様式Dが交換様式A、B、Cを超える「力」であり、「国家の廃棄」を行う「力」としてあると柄谷さんは見ていたと思います。交換様式A、B、Cを超える「力」

は、それらの「外部」に捉えていくほかないのであり、「世界史の構造」を捉えたことによって与えられたものです。カントが道徳的に捉えたものを、柄谷さんは、交換様式論を通して「純粋贈与」を提起したのです。

この点を、事例的に捉えたのが「憲法九条」の問題です。そして、それは、「国連の根本的な改革」を進める一歩であり、「世界同時革命の端緒」ともなると意味付けられています。一見、理想主義と見られがちな展望論ですが、そんなことはありません。国際政治をあれこれ語るより、ずっとリアルな見通しの中にあるように思えます。

【司会】　「憲法九条」をめぐっては、いわゆる「改憲派」と「護憲派」の対立という側面が取り上げられ、クローズアップされますが。それだけではないのですね。

【中村】　柄谷さんは、語ります。

「たとえば、日本が憲法九条を実行することが、そのような革命です。この一国革命に周囲の国家が干渉してくるでしょうか。日本が憲法九条を実行することを国連で宣言するだけで、状況は決定的に変わります。それに同意する国々が出てくるでしょう。そしてそのような諸国の『連合』が拡大する。それは、旧連合軍が常任理事国として支配してきたような体制を変えることになる。それによって、まさにカント的な理念にもとづく国連となります。

その意味で、日本が憲法九条を文字通り実行に移すことは、自衛権のたんなる放棄ではなく、『贈与』となります。そして、純粋贈与には力がある。その力はどんな軍事力や金の力よりも強いものです。カントが人類史の目標とした『世界共和国』、AやBやCに由来する力でなく、D、すなわち純粋贈与の力によって形成されるものです。」（『憲法の無意識』一三二〜三頁）

「憲法九条を文字通り実行する」ことは、このように「純粋贈与の力」と関連していると言うのです。なんとスケールの大きな展望なのでしょうか。いや、人間がこのような実践に立たなければ、交換様式A、B、Cを超える「世界同時革命」は不可能であり、「永久平和」＝「世界共和国」に至ることはできないと主張されているのですから、実践的な提起として受け止めるべきだと思います。

【宮崎】　中村さんが言う「純粋贈与の力」ということに、半信半疑ではあるのですが、大きな勇気をもらいました。四つの交換様式は、見方を変えると四つの「力関係」として理解できます。名誉とか尊敬、尊厳というものがもつ「力」だと感じました。

【司会】　それにしても、なぜ、日本が、憲法九条を「国際社会」に「純粋贈与」しうるのですか？

【中村】　柄谷さんは、カントの『普遍史』を評価して、人間の自然的素質としての「非社交的社交性」が不可避的に敵対・戦争をもたらし、同時にそれは平和状態をも不可避的に作り出すという点に着目します。もちろん、近代の戦争は、交換様式Cの資本主義経済から来るものです。また交換様式B（軍事国家）、交換様式A（ナショナリズム）も構成されます。しかし、それらは「意識のレベル」であって、同時にそれらによって抑圧された「無意識のレベル」があります。この点を無視すると「抑圧されたものの回帰」に込められる意味がつかめません。そこには、「意識のレベル」で起こった「戦争」が「無意識のレベル」で「抑圧されたもの」を生み、その「抑圧されたものの回帰」として「平和」（純粋贈与）を不可避とする論理が与えられているのです。だからこそ、カントが捉えた「非社交的社交性」に眼を向ける意味もあるわけです。柄谷さんは、さらにそれは利己心のような意識レベルのものではなく、「無意識のレベル」にあると見るのです。そして、この課題を探ったのが、後期フロイトの精神分析であり、フロイトこそが、第一次大戦後に出会った戦争神経症患者が示す症状の中に、その根底にある「死の欲動」（そこから派生する「攻撃欲動」）を見出したと評価するのです。

【宮崎】

発言の途中ですが、柄谷さんはフロイトを実に巧みに自説の展開に活用してますね。フロイトは単なる「心理学者」としてしか理解していなかったので、驚きでした。ちなみに、大澤真幸さんの『社会学史』（講談社現代新書）にも、マルクスと並んで取り上げられていました。

【中村】　はい、その上で、「自然の狡知」についてこう言われています。

「フロイトの考えでは、攻撃欲動（自然）を抑えることができるのは、他ならぬ攻撃欲動（自然）です。それは、カントの文脈で言えば、非社交的社交性（自然）の発露である戦争が、それ自身を抑制するように人々を『国際連盟を結ぶ方向へ追い込む』ということです。」（『憲法の無意識』一一二頁）

こうした認識に立って、柄谷さんは、実は、戦後の日本人も評価していたのです。

「憲法九条に関していえば、戦後の日本人は占領軍の押しつけに抵抗したわけではありません。にもかかわらず、占領軍が再軍備を要請したとき、それを拒んだ。九条はいつの間にか『自発的』なものになっていたのです。（…中略…）私はそれを、フロイトの『超自我』という概念から説明しました。超自我は、社会的規範が内面化されたようなものとは違って、『死の欲動』、いいかえれば『内部』から来るものです。」（同上　一九四頁）

戦後日本人は、こうした「死の欲動」（「自然の狡知」）によって、憲法を支える「純粋贈与の力」が無意識の中にあったということですね。種々の平和運動も、かかる力によって支えられていたからこそ、絶えることがなかったのでしょう。とすると、「世界共和国」への道にもどって言えば、日本人は格別の「歴史的使命」が与えられていることになります。

【宮崎】　日本の国の中で思考する習慣を持っていましたので、交換様式を世界システムの中で考えるという発想はありませんでした。憲法九条の「贈与」ということも意外な驚きでした。中村さんが言うように、日本人は格別の「使命」を与えられているのであれば、第九条の問題は日本が戦争をするのかどうかという、国内発想ではなく、国際発想こそ求められているのですね。思わず身震いしてしまいます。

5．「市民の科学」と市民運動の可能性

【司会】　日本学術会議が推薦した会員候補六人が、理由を明らかにされないまま任命されないという事件が起こりました。前例のない政府による学問の自由への暴挙です。また、公文書偽造など、「事実」を隠ぺいする体質は、現在の日本の政権だけでなく、アメリカ大統領トランプによる「フェイク・ニュース」が横行するなど国を問いません。

以前から大学においても総長・学長選出が一部のトップ層の意向で進められるといった異常な状態がみられるようになりました。さらには、コロナ禍の対策の中で露呈したのが、人文・社会科学の軽視の動きです。女性研究者の処遇に至っては、特に日本学術会議会員も含め大学での教員数の少なさなどは顕著でとても文明国とは言えません。

こうした中での「市民の科学」について、代表の中村さんからお話していただけませんか。

【中村】　わたしたちの『市民の科学』の運動は、もう十年を経過しています。

運動の前史（『情報問題研究会』）とともに、『市民の科学』の運動が追求してきたものは、市民が直面するさまざまな社会問題を取り上げ、その解決に寄与しようとするものでした。その中で重視してきたことは、地域（地域通貨、協同組合、まちおこし等、）や経営（原発や企業・大学批判）、社会（新自由主義批判）の問題を、社会科学的な視点から捉えていくばかりでなく、その解決において「市民的な提案」を倫理的・実践的に提起していく研究活動の追求であったように思います。とりわけ、「市民マネジメント」という視点は、この活動の象徴的な問題提起となっていました。しかし、期待とは裏腹に、毎年発行してきた『市民の科学』の売れ行きは、けっしてその運動の成果を感じさせるものではありませんでした。商業雑誌ではないので、売上自体は考慮外であるとしても、そこには他者としての読者の反応が乏しいことは、市民運動として考えれば、やはり無視できないことです。ただ、わたしたちだけでなく、

社会科学的な雑誌の出版状況にも同様な「低迷」状況があり、今日の社会状況と関わる「批判的な科学運動」のあり方が根本的な反省を求められる「問題の深さ」を伴っていました。それだけに、「読者にもっと分かりやすく」というテクニカルな問題だけでなく、もっと根の深い問題性があったわけです。社会変革を志向する倫理的・実践的な柄谷理論の問題提起は、その点で「交差」するものであり、私たちの市民運動にも大きなインパクトを与えるものとなったように思います。

【宮崎】　私が最も残念に思うのは、「マルクス主義」からの真摯で誠実な学問的追求が乏しいことです。特に、柄谷さんがマルクスやエンゲルスについて論じていることに、正面から対応していないことです。例えば、『世界共和国へ』のはじめの方で、マルクスの社会主義理念はプルードンのもの、マルクスの欠陥は国家の自立性を見なかったこと、民族問題に関して楽観的な見通しをもっていた等々、どれをとっても「マルクス主義」の立場から見ると、とんでもない主張であり、「ねじ曲がった」マルクス解釈であるわけです。これらの論点は、今日の戦争と平和の課題に応えるための決定的とも言えるテーマです。

さらには、使用価値であるとか生産力についても、環境問題を考える際にはきわめて重要な事柄なのですが、「マルクス主義」は対応できていません。

【重本】　科学者が市民の視点で科学（学問）を捉えるとはどういうことなのでしょうか。このことを考える上で、私は市民科学者として歩まれた高木仁三郎さんの原子力資料情報室の取り組みに大きな影響を受けました。高木さんは、科学（学問）の外側に市民の視点をすえてそこから科学（学問）を捉えるのではなく、その内側に市民視点をすえて科学（学問）を捉えようとしました。このために大学を去り、原子力資料情報室を設立し取り組まれた。この科学の内側とは、これまでの科学（例えば原子力分野）では、経済合理性としての効率性の中で営まれてきたのに対して、社会合理性としての安全性とか人間性（社会生活そのもの）の中で営まれるべきということになるかと思います。それは、高木さんによれば、自然に逆らう極致としての原発エネルギーのシステムに代わって、自然循環の中にある太陽熱のようなエネルギーによるシステムの具体化を考える科学の必要性です。すなわち、科学の外からの利用問題、つまり悪用か善用かの問題ではないのです。

【司会】　「科学の外」ではなく、科学の内側、つまり「社会合理性」を考えなければならない、ということですね。

【重本】　ええ、人文・社会科学を含む学問全体の市民視点、人間・人間関係の「自然性」（人間を含めた自然に逆らわない人間性）が「市民の科学」かと思います。また、一方で資本の運動の下での科学（学問）を求め発展させつつ、他方でその外側からそこでの諸問題を捉え解決するのではなく、科学（学問）の内側から矛盾（問題）を捉え解決しようとするのが「市民の科学」だと思います。社会科学の場合であれば、資本の論理、商品・貨幣の論理の極致としての金融グローバリゼーション（特に投機経済の世界化）に対して、それを外側からどう民主的・人間的に規制するかということではなく、商品・貨幣の論理それ自体、あるいは現代資本システムそれ自体を内側（社会生活そのもの）から問うことが「市民の社会科学」ではないかと思います。柄谷さんの交換様式論も現代資本システムそれ自体を内側から問うています。私は交換様式論を「市民の社会科学」として捉えたいと思います。

【中村】　日本のマルクス主義雑誌を含めて「批判的な雑誌」というものは、資本や国家の世界的な動向に視野を向けたとしても、その批判の眼は、もっぱら「対象的な問題」として、それぞれに経済、政治、文化そして環境の問題として取り上げられ、「専門家」の声を伝えるものでした。戦争、経済格差、環境問題などの問題が、それぞれの「専門家」に振り分けられ、その「専門知識」によって、市民は考え、対応する習慣をつけられてきたように思います。

【司会】　今、「対象的な問題」と言われましたが、どういう意味ですか。

【中村】　主体である私たちとは距離を置いた、もっぱら「客観的」で、外的な対象の中での問題という意味で使っています。自己言及的ではないとも言えます。

しかし、現実が突き付けたそれらの問題は、はじめから「部分的・専門的な事件」としてあるわけではなく、現実にあるのは「全体的・総合的な事件」としてあるものであり、人間個々人の生き方が問われざるを得ないものとしてあるのではないか。「専門家」は、「対象が方法を規定する」と見る近代科学の方法に従って、部分的な「対象」を認識することに専念するわけですが、そこに留まってしまえば、つねにその「対象」を追ってしか「専門家」の「知識」は生まれてこないことになります。「知識」（理論）は「人間の実践」にとって意味あるものであり、その実践に寄与しえないとすれば、「何のための専門」なのか、改めて考えてみる必要があるでしょう。

先ほど、司会者が言われたように、例えば、新型コロナの「パンデミック」は、感染症に関わる専門科学が有用であることは誰でも承知するでしょうが、なぜパンデミックなのかを考えようとすれば、社会科学的な認識なしには考えようもないでしょう。現実の認識には、「専門外」の社会構造的な認識が欠かせません。とりわけ資本主義に対する認識を欠いては歴史的な現実認識にはなりえません。だから、現実の出来事と向かい合う場合には、人間は「事件」

を解決（これ自体、倫理的な価値判断ですが）するために、「理性」（知）が求められてくるのです。「市民の科学」は、まさにこうした立場から「解決の展望」を得ようとするものですが、現状の「科学」の世界は、「専門家」自体に固執していく傾向をますます強めているわけです。逆に考えてみれば、これこそが「科学事件」として問題化されなければならないと思えてなりません。

【重本】　私から発言させてください。

中村さんが言うように、戦争、経済格差、環境問題などの現実問題は、「部分的・専門的な事件」としてではなく「全体的・総合的な事件」としてあるという点が重要と思います。そして、この「全体的・総合的な事件」を捉える「科学の世界」が「専門家」に固執していく事態の問題を、中村さんは「科学事件」と言っていると思います。

【宮崎】　研究対象が、研究者によって細分化されている状況を指摘しているわけですね。従来「たこつぼ」と言われた状況でしょう。

【重本】　現状の「科学の世界」では、解決の展望は見えないばかりではなく、事態を一層深刻にし、このままでは破局を迎える危機的状況にあると思います。これに対して「市民の科学」はこうした「専門化の科学」ではなく「統合化の科学」を志向していると思います。この統合は、科学（学問）の論理、政治経済の論理、人間の論理の三つの論理の統合を意味します。「専門化の科学」は互いに他の論理と分断させることによって、これまでその「客観性」＝「科学性」を保持してきたのです。この結果、人間の論理と近代科学の論理が「転倒」してきたと私は思います。この「転倒性」は、一方で「人間優先」を手段化しつつ、他方で科学技術を自己目的化（専門化）させてきたという現実を見逃すことができません。この結果、互いの論理は外からの関係付けを試みることになるのです。例えば科学技術の善用・悪用論、さらに現在では軍事用と民生用のデュアルユース論としても語られています。柄谷さんは「いつでも、何でも、物事を『科学的』に考える人がいますが、それほど非科学的なものはない」（『倫理21』七四頁）と言っています。現代社会では科学者ほどますます非科学的な存在になってしまう危険性があるのです。「専門化の科学」を非科学的であるとする視点は「市民の科学」にとって大切な視点です。戦争、経済格差、環境問題などの深刻な現実問題を解決するには、前述の三つの論理の「統合化の科学」としての「市民の科学」が必要だと思います。

【宮崎】　私が市民大学などの拙い経験で得た感想を少し話したいと思います。それは、中村さん、重本さんがおっしゃる「専門知」と「市民の科学」に関わってのことです。「専門知」あるいは「専門科学」というのは、長い叡智の積み重ねの上で醸成されたものであって、非常に価値あるものだと思います。それが部分的な「最適解」を求めたものであっても、大切なことは、それが私たちの市民生活にどのようにかかわっているのかという自覚があるかどうかだと思います。部分的な解を求めることは、その他を括弧に入れることであり、それ自体は問題ないと思います。必要なのは、その括弧をはずす「市民感覚」、あるいはコスモポリタンの感覚があるかどうか、です。

【司会】 経験上のお話ということでしたが。重本さんや中村さんの主張と異なるようですが。

【重本】 宮崎さんの言われる「部分的な解を求めることは、その他を括弧に入れることであり、それ自体は問題ないと思います」という点ですが、私は「それ自体」に問題があると思います。柄谷さんは判断における「括弧入れ」は容易ではないと言われています。その通りだと思いますが、「括弧外し」の方はそれ以上に容易ではないと私は思います。「専門化の科学」の現実を見ると、道徳的（善か悪か）と美的（快か不快か）の「括弧入れ」をしたことを忘れてしまい、そして忘れられてしまった「括弧入れ」は当然「括弧外し」などはあり得ません。こうして「専門化の科学」がこれまで深化してきました。遺伝子操作などはかつて道徳的・倫理的な問題として議論され、その研究を止めた研究者もいました。現在、その研究は多方面にわたって深化し、医療ビジネスとしても大いに期待されています。すなわち、柄谷さんの言う「括弧入れ」と「括弧外し」が容易でないということ自体を、つまりその「入れ」と「外し」のプロセスの中身を具体的に吟味する必要があると思うのです。「専門化の科学」としての近代（西洋）科学・現代科学が宮崎さんの言うように「非常に価値あるもの」とするには、「括弧入れ」と「括弧外し」だけでは捉えられないと思います。それだけでは科学の善用・悪用論の捉え方になってしまうかもしれません。近代（西洋）科学・現代科学それ自体を道徳的（善か悪か）・美的（快か不快か）判断から改めて根本的・総合的に問うことが求められていると私は思っています。取り返しのつかない事態になる前に。宮澤賢治の「近代科学は冷たく暗い」の言葉（『農民芸術概論綱要』）が聞こえてきます。

【宮崎】 ええ、そうでした。専門家は、当然のごとく「専門用語」を多用します。研究者の間での研究上の言語ですからやむを得ない側面もあります。しかし、それは、いわば「市民言語」とでも言うべき用語を括弧に入れた話だと思うのです。市民向けに「書き」「話す」市民講座のような場合は、当然専門用語の羅列では理解を得ることは困難です。

というよりも、専門家も市民なのです。大学で職を得た研究者も、実は市民の一人であり、市民感覚を持って然るべきです。中村さんが言っていた「近代的個人」としてあり、その存在は交換様式A、B、Cを離れてはあり得ないわけで、いわゆる科学の「中立性」など幻想です。

比喩的に言えば、「専門知」を「市民言語」に翻訳し、「市民言語」を「専門知」に「翻訳」するという「トランスクリティーク」が求められていると思います。その場合大事なことは、世界市民としての言語であり、「世界共和国の言語」で語るということです。科学的認識の領域と、倫理的・実践的な領域との「トランスクリティーク」なのです。

【中村】　宮崎さんの指摘は、確かに重要な点ではあります。専門家自体が市民から遊離している現状にあって、専門用語は「知的権力」ではあっても、社会を変える力にはなってこないからです。しかし、柄谷さんが言うのは、そこにとどまっていないと思います。また、重本さんが問題にした点も、この点を超えていると思います。問題なのは、「括弧入れ」「括弧外し」の行為が「近代科学」を前提にして行われているという現実でしょう。重本さんが問題としたのは、この近代科学を前提とした「専門科学」を問題としているわけで、それ自体が階級的・政治的な問題としてありはしないか、というものです。従って、括弧を外せば市民のものになるとはとうてい言えない問題があるのです。専門家の中で、よく学際的な「総合化」が叫ばれますが、それは、まさに「専門科学」の限界を露呈させるものでしかありません。例えば、専門家による学際的な「総合化」が「括弧外し」であったとしても、近代科学の土台が崩れるものではなく、近代科学の枠内の話でしょう。もし、その「総合化」をもたらすことがあったとしたら、それは、専門科学的にではなく、専門科学が「国家」のもとに制度化（統制）され、政治的・権力的な「総合」を余儀なくされてきたからでしょう。「学問の自由」を解体してきた「大学統制」の歴史がそれを物語っています。また、二〇二〇年の「学術会議任命拒否」事件は、そのような性格をもった「科学事件」のひとつであり、「学問の自由」への統制強化であったと言えます。ですので、「市民科学運動」にあっては、人間理性の使用において「括弧入れ」「括弧外し」が必要となるとはいえ、前提となる科学の歴史性を相対化（自覚）しつつ、近代的な専門科学そのものを問題化していかざるを得ないのではないかと思います。そうでなければ近代社会を超える科学運動は生まれようがありません。柄谷さんの交換様式論（史的唯物論）は、「資本＝ネーション＝国家」を超える「対抗運動」を、史的唯物論の「科学」化を通して捉えようとするものでしたが、同時に、それは「近代科学」を超える新たな「理性」のあり方を提起するものではなかったかと思います。

【宮崎】　学術会議の話が出たので、あえて言うのですが、個々の専門家や研究者が細分化され「部分化」された領域で得られた認識や理論というものは、その大半の研究者にとっては、主観的には「戦争のため」とか「利潤のため」という意識はないと思います。ましてや「総合化の科学」という意識はないでしょう。しかし、現実には、交換様式B、Cによって「総合化」され、その国家目的、資本目的の歯車になっている可能性が大です。柄谷さんが主張するように、自らの立場とか、役割の社会性を認識することはできませんが、その社会的性格は刻印されます。いろいろな弱点というものもあると思いますが、学術会議や研究者が集まって、私の言う「世界市民言語」を使って現在の科学が置かれた状況に警告を発していることは大いに歓迎すべきことだと思います。大学の教授会もそれぞれの細分化した研究教育を「世界市民言語」を用いて議論してほしいですね。私は重本さんが使っている「人間の論理」という言葉は使いませんが、あえて言えば「人間の倫理」ということになるのではないか、そう考えています。「理念の公的利用」であり、普遍性を求める道徳法則でもあります。

【司会】　議論が白熱し、面白くなってきましたが、残念ながら時間がきてしまいました。市民科学運動は、広く「市民活動」とともに歩んでいくものと考えます。この点について、今回の鼎談ではあまり議論できませんでした。

【中村】　最後にひとこと言わせてください。

柄谷さんは、「内在的」な対抗運動として、宮崎さんも触れていたように、消費者運動に着目します。「消費者とは、プロレタリアが流通の場においてあらわれる姿なのです。であれば、消費者の運動はまさにプロレタリアの運動であり、またそのようなものとしてなされるべきです」と。というのも、「(資本には…中村) 働くことを強制できる権力はあるが、買うことを強制できる権力はないから」です。その象徴的な闘争手段が「ボイコット」(非買運動) であるとしても、たんに商品の売買過程にとどまりません。その過程は、「育児・教育・娯楽・地域活動をふくめて広範囲に及ぶ」ところの「労働力の再生産としての消費過程」に補完されています。この点をふまえて柄谷さんは、「労働力の再生産過程を、資本が自己実現するために通過せねばならない流通過程として、そして、そこにおいて労働者が主体的であるような『場』としてとらえなおすことなのだ」(『トランスクリティーク』三九〜四〇頁) と語っています。消費者運動には、マーケットの「場」における問題だけでなく、その背景にある「消費過程」の問題があるのです。柄谷さんは、マーケットの「価格」問題だけでなく、マーケットの「使用価値」問題が人間の自由の問題として問い直されてくると言っているのです。市民科学運動も、こうした消費者運動のなかにあり、「アソシエーション」につながる、自由を獲得するための運動なのではないでしょうか。

【司会】　柄谷さんの研究領域は非常に広く、しかも深堀した内容であり、短時間で紹介し解説することは大変難しいことが、改めて痛感させられました。しかし、今回、お三方から熱心に「発言」していただき、司会役を担当した者として少し肩の荷が下りたように思いました。

まだ論じられていない論点や、あるいは先ほどの「専門知」と「市民科学」のあり方についてなど、議論が尽くされていない問題もあります。できることなら、次回に、その機会を作りたいと思います。この鼎談が、これから私たちが進もうとしている道の、一里塚（マイルストーン）となりますよう願って終了とさせていただきます。

本日はどうもありがとうございました。

コラム

オーウェルから「人新世へ」

――「麒麟」はくるのか――

宮崎昭

本号の「鼎談」に区切りがついたと思って、勧められていた本二冊をようやく読むことができました。川端康雄『ジョージ・オーウェル――「人間らしさ」への賛歌』（岩波新書、二〇二〇年）と斎藤幸平『人新世の「資本論」』集英社新書、二〇二〇年）です。後者は、一カ月後に第二刷が出るほど多くの人たちに広く読まれています。

＊

いずれも、今日の世界が抱えている「危機的」な状況を正面から受け止めようとする、積極的な姿勢、問題意識を感じます。オーウェルは、言わずと知れた『１９８４年』や『動物農場』の著者です。一九〇三年に生をうけ、一九五〇年、四六歳で亡くなるという短い人生でしたが、その足跡は波乱万丈でドラマティック、川端氏の巧みな筆致はまるでドラマのような展開をみせて、ページをめくるのが急がれました。イギリスの「上層中流階級」出身のオーウェルが「イギリス帝国」の役人としてビルマに赴任し、その地で「支配する側」の人間として「支配される側」の人々に接するところから〈物語〉は始まります。イギリス帝国主義の「だんなさま」の生活様式を送る毎日でした。彼は、その後イギリスに帰り、今度は「労働者階級」を正面から見る目をもつようになり、ジャーナリストとしてのキャリアを積みます。その後、決定的とも言える「体験」が待ち受けているのです。スペイン内乱に義勇兵として参加した体験と、そして自身の出版が抑圧されるという「言論の自由」をめぐる体験でした。

＊

一九三六年に始まる内乱は、人民戦線の政府である「共和国」側とフランコ将軍派との内戦ですが、オーウェルはかねてから社会主義に共鳴していたこともあって、マルクス主義統一労働者党（ＰＯＵＭ）に志願して入隊し、喉を撃ち抜かれるような重傷を負うのですが、それ以上に深刻な衝撃を受けることになったのが、「共和国」を事実上指導していたソ連・スターリンによる「非スターリン主義系組織」への弾圧でした。トロツキーも殺害され、身の危険を感じたオーウェルは、スペインを後にします。オーウェルにとって、それは「裏切られた革命」だったのです。これが、「ソビエト神話」の暴露を目的にした、おとぎばなし風に書かれた『動物農園』となり、世に出たわけです。一方、『１９８４年』は一般に「ＳＦディストピア小説」として紹介されていますが、『動物農場』と同様、全体主義、帝国主義、言論弾圧などに抗う、自由を希求する、リアルな政治小説となっています。

＊

オーウェルが亡くなって七〇年、彼の危惧した未来社会は未だ消え去ることなく、コロナ・パンデミック、各種差別の拡大、ナショナリズム・全体主義の台頭など、事態はむしろ深刻になっています。ハラリが「ホモ・デウス」と名付けたように、「神」となった人間による地球支配は、極限状態を迎えています。斎藤さんが著書のタイトルに入れている「人新世」（ひとしんせい）は、クルッツェンの命名によるものですが、柄谷行人さんが「もう間に合わないかも…」と嘆いた地球環境の「死滅」を目前にした、「文明社会」以降、もしくは「近代」から「現代」に至る数百年間を指しています。ここに、周到なマルクス『資本論』解釈を用いて、大胆で、オーウェルのような「ディーセント」（人間らしさ）な感性を備えた斎藤幸平さんが登場します。

＊

世界上位二〇％の中で生活している私たちの生活を、「帝国的生活様式」と呼んでいます。それは、地球環境の破壊を放置したまま、アジア・アフリカの「グローバル・サウス」に住む人々の飢餓に手を差し伸べるのではなく、彼らの生命の安全と存続を犠牲にした上で実現されたものです。そこにメスを入れるためには、言葉の上では魅力的な「グリーン」な試みでは全く不十分です。生産力至上主義をやめ、脱成長の経済へかじ取りをする必要があるというのです。つまり、資本主義システムそのものに手を加えることです。それは、単に〝あったらいいな〟という机上のことがらではなく、実際にスペインの、あの〝ジョージ・オーエルのバルセロナ〟で行われている「フィアレス・シティ（恐れ入らずの都市）」の試みが紹介されます。市民の自治活動による「コモン」の自主管理というアソシエーションなのですね。

＊

晩期マルクスの「脱成長コミュニズム」論をよりどころに、「人新世」ならぬ「資本新世」ではなかったか、と自戒する斎藤さんですが、私はその横に柄谷さんがほほ笑んでいる姿が目に浮かびました。斎藤さんが重視する生産、労働、使用価値、物質代謝を駆使したコミュニズム論に対し、柄谷さんの交換様式D論はいかに対応するのか、その行く末を想像するだけで、「マルクス難民」の私は身震いするような読後感をもったのです。

＊

太平の世、幸せを呼ぶと言われる神話上の〝麒麟〟はまだ登場していません。しかし、その麒麟は〝あなた〟なのだと、斎藤さんは言っているかのようです。

（みやざき・あきら）

――特集　柄谷行人のまなざし――

「柄谷行人」をTさんと読む

篠原　三郎

1．大澤社会学と柄谷理論

（1）

Tさん　大澤真幸著『社会学史』（講談社、二〇一九年）のおすすめありがとう。

実は発売そうそう求め読んでいたのですが、いい勉強をさせてもらいました。いい本でした。社会学史に登場してくる巨人の諸理論のエッセンスを、井上ひさしさんの言葉ではありませんが、これほど『ふかいことを面白く』（PHP研究所、二〇一一年）紹介できる研究者なんて多くはないでしょう。凄いですね。出版社の職員の方を相手にされた講義をリライトしたとか、よく工夫もされてます。凝ってんです。

それにつけてもTさん　とっぱなに、マルクスやフロイトが並んでくるのには驚きました。しかし本書の文字通りのはじめにあたる「序」の「社会学に固有の主題」など、またそれに続くところを、順に追っていくにつれ、その理由が納得できるようになりました。Tさんが書いていたように、大澤社会学とも言うべき独自の世界をちゃんともっているからなんですね。

ところでTさん　大澤さんと言えば、今のわたしには、柄谷行人さんの「対談・座談会」を集めた『「世界史の構造」を読む』（インスクリプト、二〇一一年）に登場し、柄谷理論をめぐって無駄なく、そして鋭く発言していく氏といった研究者のイメージなんです。その本にはずいぶん教えられました。（その後、『戦後思想の到達点』（NHK出版、二〇一九年）を著わしてます。そこに柄谷さん、見田宗介さんも書いてます。）とにかく、柄谷さんの『世界史の構造』（岩波書店、二〇一五年）、共感することが多く、また学ぶべきことも少なからずあるのですが、大著でもあり直ぐには理解できないページもあり、苦労しつつ読んでいた矢先の「対談・座談会」の第一印象が忘れられません。

柄谷さんの理論は画期的ですし、著書の数も多く、また版も重ね、たくさんの人にも読まれているようですし、賛成にしろ、異論にしろ、いろいろ意見がある筈ではないか、と推測しているのに、残念ながらその核心に迫るような主張はあまり聞きもしないし、見かけもしません。それらに出会えれば、その議論を介し理解を深めたり、誤読があればそれを正す機会にもしたい、と考えていた折の大澤さんの今回の『社会学史』だったのです。でも、この著書には柄谷行人さんの名が出てきません。しかし、柄谷理論と大澤社会学に通底していくものがあるに違いないのに、なぜか、そんな関心からホームズさながらに、賭けてみました。

ということですから、Tさん　以下は、わたしのノートへの抜書きのようなものです。Tさん　そのつもりで読んでください。

(2)

探偵にも似た上述のような視点から、『社会学史』を通読してきたものですから、Tさん　「序」の「社会学に固有の主題」、また、最終章にあたる「社会学の未来に向けて」あたりはいちばん集中的に何度も読み返しました。興味深くありました。

社会学とはどういうものなのか、まずはじめに大澤さんは自分の社会学観をはっきり披瀝してくれますね。大澤さんの日々の生き方まで見えてくるようです。

「社会学は、『近代社会の自己意識の一つの表現』なのです。近代社会というものの特徴は、比喩的な言い方をすれば、『自己意識をもつ社会』です。自分が何であるか、自分はどこへ向かっているのか、自分はどこから来たのか。それが正しい認識がどうかわかりませんが、近代社会とはこういう自己意識をもつ社会です」。

さらにTさん　こういう風にもパラフレーズしてくれます。

「社会学は社会的なものについての理論ですが、それではただのトートロジーです。次のような感覚がないと社会学は難しい。現実にいろいろな社会的な制度や、政治形態があったり、コミュニケーションのさまざまな形があったりする。そういうことは現に起きているわけです。しかし、『現に起きていることが、現に起きているのに、どこかありそうもない』という感覚がないといけない。『なぜこんなことが起きてしまったのか』と。・・・(中略)・・・その起きているものについて、何かありそうもないという不確実性の感覚をもたないと、社会学にはならないのです」。

その上で、「社会学に固有の主題」とは何かを以下のように解説してくれます。

「社会現象というのは、ようするに、ある社会秩序が生成したり、あるいは秩序が壊れたりしているということです。そういう社会秩序（秩序の崩壊も含む広い意味での秩序ですから、社会秩序もしくは反秩序とでも言うべきでしょうか）がなぜあるのか？なぜ成立できているのか？　つまり、『社会秩序はいかにして可能か？』。これが社会学の固有の主題なのです」。

以上のような社会学の成立をめぐる説明には、一瞬、意表を突かれたような心象で受け止めていたのですが、何回か「序」を読み直し、また、考えていくにつれて、大澤さんが主張したいことの意味、狙いが本の帯の言葉にあるように「頭に染み込」んでくるのです。大事なことは、社会現象に対する「不確実性の感覚」ということなんですね。この「感覚」、社会学の重要な用語として「偶有性（contingency）」と言うようです。（大澤さんは「わりと好きな用語」とも書いています。）そして、念には念を入れるように、「偶有性」とは、「『必然的ではない』という、必然性の否定であるのと同時に、可能であること、つまり不可能性の否定」とも繰り返してくれます。

当然、Tさん　本書で取り上げられている学者はどの人も「偶有性」感の鋭敏な持ち主、大澤さんはその持ち味をそれぞれ興味深く、ときには面白く、また、哀しくも伝えてくれます。終章に近づくにつれ、Tさんの好きなスメタナの楽曲を聴くように、です。

その中でも、例えば、「いまのところ、社会学理論の頂点」に位置付けられているという「ツインピークス」の一人、権力からの脱出に、晩年、消極的にも「自己への配慮」にかけてしまったミシェル・フーコーや、「根源的構成主義」を唱え、「啓蒙された立場から事態」をアイロニカルに「記述することに徹」してゆくニコラス・ルーマンをめぐる「講義」には、現代資本主義というリバイアサンの正体とはいったい何者なのか、ついつい、いや遂には考え込まざるを得なくなりました。

Tさん　結局、最後の最後に、大澤さんは、「社会学の未来に向けて」として、「偶有性と社会性」という柱をたて、「序」で主張されていた「不確実性の感覚」の正体とは何であったのか、その社会的な根拠を次のように話してくれるのです。それは、大澤さんのマニフェストでもきくように受けとれたんです。

「私が、世界を偶有的なものとして見ることができるのは、いやそのようにしか世界を考えることができないのは、他者が存在していることを私が知っているからです。他者にとっては、世界はまったく別様かもしれない。そのように世界を別様に見る他者が存在しているということを、私は、どうしても無視できない。そのために、私にとって、世界の偶有性は絶対的で、どうしても消去することができません」。

このような「他者」の存在にもとづく「偶有性」論のさらなる展開は、「二一世紀に出てきた、哲学の新しいトレンド、思弁的実在論」などと呼ばれている流れにたつ気鋭の哲学者の、カンタン・メイヤスーという人のそれと軌を一にしているようです。

「思考と世界は相互的な相関の関係にある」と見るカント以降の哲学の「相関主義」を超えて、実在を復権させていこうという考え方なんですね。つづめていえば、「ツインピークス」後の二〇世紀末から始まる社会学の「新しいトレンド」から出てくる「理論の実践への積極的な含意」を取り戻していく「実践のための指針」となるべきは、「失敗を通じての変革」を目指していくことのように読みとりました。本書の文字通りの末尾、わずか二頁足らずでしたが、Tさん　ローザ・ルクセンブルグの生き方や、ヘーゲルの言葉が紹介され、それが木霊となって新鮮に響いてきてなりませんでした。

（3）

そんな木霊の中、柄谷さんの『世界史の構造』以前に著わされた）『トランスクリティーク――カントとマルクス』（岩波書店、二〇一〇年）での「カント的転回」からの次の文章が重なるように思い出されてくるのです。実は、柄谷さんの作品群の中で、いちばん好きな著作なんです。同書に宿っている著者の、いわば気概のようなものが読む者のこころを直に揺さ振ってくるのです。柄谷さんは、その中からの一部ですが、カントをめぐってこう語りかけます。

「人々は、この超越論的態度をたんなる方法として受けとめてしまう。そして、カントが見いだした無意識の構造を、まるで所与のもののように論じる。だが、超越論的な態度は、『強い視座』なしにありえなかった。・・・（中略）・・・それはつねに『他人の視点』につきまとわれているのだ」。

「要するに、理論的・実践的・美的というような区別によって、カントが追求していた問題を見逃してはならない。重要なのは、カントが『普遍性』を求めたとき、不可避的に、『他者』を導入しなければならなかったと。その他者は共同主観性や共通感覚において私と同一化できるような相手ではないということである。それは超越的な他者（神）ではなくて、超越論的な他者である。そのような他者は『相対主義』をもたらすものではなく、それのみが普遍性を可能にするのだ」。

Tさん　ここまでくれば、はじめに予感していた通り、（しかしその限りですが）柄谷さんの述べている「超越論的な他者」は大澤さんが語ってきた「偶有性」として在る「他者」に、哲学的に、あるいは思想として、ある意味で通底しているものではないでしょうか。だとすると、『社会学史』に登場してきた人物は欧米人ばかりでしたが、せっかちな言い方ですけど、最終章の「未来に向けて」には「柄谷行人」の優れて独自な「他者」論があって然るべきではなかったか、と思っているのです。そうすれば、大澤さんの「社会学」の枠組を前提にしたままでも「世界共和国」論、「交換様式」論などにも言及できたのではないでしょうか、そんなことを想像しつつ、大澤社会学の今後の展開を楽しみにしているのです。

Tさんはどう考えられますか。

すぐれたる知性はあれど変わらざる世やローザの名ひさびさに聞く

二〇一〇年一月二〇日、記

2．パンデミックとフェミニズムと交換様式

（1）

Tさん　フェミニズムを柄谷理論の交換様式論に引きつけて考えていくと、どのように位置付けられるものか、という関心、わたしも抱いていました。柄谷さんの考え方を知るにつけ、いままで考えていたこと(1)をこう修正したい、あるいは、こう見たらどうなるだろうか、あれやこれや思案していたところなんですが、当面、以下のようなエッセーにまとめましたので、ご意見をおきかせください。

Tさん　さっそく話をすすめましょう。

『資本論』冒頭のマルクスの有名な言葉、「資本主義的生産様式が支配的に行なわれている社会の富は、一つの「巨大な商品の集まり」として現われ、一つ一つの商品は、その富の基本形態として現われる。それゆえ、われわれの研究は商品の分析から始まる」（『資本論』、一九七二年、岡崎次郎訳）から始まりますが、人間の労働力も、ついでに言えば、株式や国債・・・果ては人間に危険な原水爆などの軍需品も商品になります。要するに、この社会では人間に必要なもの、原理的には、すべて商品としてあります。企業が経営を継続していくためにもそうです。とは言ってもカネがなくては商品を手に入れられません。

商品には価格がつけられます。大根でもダイヤモンドでも銃でも、そして労働力も、そうです。しかし商品市場経済下、いくらで売れるか売れないか、命がけ、たいへんなことです。いま進行中のパンデミックで多くの企業が経営困難に追い込まれ、労働者は解雇され、家族が解体される、不況同然に見舞われています。いや、資本制社会存続のあり方にかかわるクライシスと言った方が当たっているかもしれません。

Tさん　性差別もフェミニズムもそんな現実の中のことです。どこの国にも差別がありますが、ジェンダー・ギャップの日本の酷さは国際比較によってしばしば指摘されてます。にもかかわらず、改善されませんね。

このような性差別、どこに基因しているのか、話がまた戻りますが、労働力の商品化ということが基本的に関わってます。労働力商品を求める側は労働力の使用価値である労働に留意し、なるべく安く買いたい。性別に関して言えば、例えば、妊娠、出産などといった生理的属性をもつものは労働と労働時間の中断の原因ともなり、利潤目的からみて避けたがる、あるいはまた、美醜や言語表現にかかわるセクシュアリティ問題など(2)に関心を向ける等、具体的なことは略しますが、それらがジェンダー上の社会的に構造的な差別の原因となってます。家族内の人間関係にも当然、それがあらわれている筈です。Tさん　改めて言うことでなく日々、日常に体験していることです。

それら家族が集合し、「想像の共同体」としてのネーションが形成されているのではないでしょうか。そのあり方は、資本主義の歴史的な変化にともない、その時代の特徴を帯びつつ展開してきています。高度成長期と二一世紀の今日を比べればいいです。とりわけ経済が世界的にグローバル化している現在、経済競争も国内に限られることなく、したがって労働者もグローバル化した関係の下で厳しく支配されざるをえなくなってます。

「資本＝ネーション＝国家」の三位一体、資本の権力がまさにドミナントとなり、それに国家もなびき、ネーションの力も歪み、委縮していくのではないか、案じられてなりません。

（1）例えば「市場経済のウチとソト——差別問題の方法論」(『〝大学教授〟ウェーバーと〝ホームレス〟マルクス』(晃洋書房、二〇一五年所収) があります。不十分でした)

（2）労働とセクシュアリティの関連については、森田成也著『資本主義と性差別——ジェンダー的公正さをめざして』(青木書店、一九九七年) を差し当たりすすめたいです。

（2）

Tさん　話がまたスタートラインに戻ることになりますが、実は、先には人間に必要なものは商品として生産されてると言いましたけど、その前提として、労働力は人間の属性ですから、人間自身も生産されなければなりません。しかし人間というヒトの生産は、手間と時間がかかる「自然増殖」による生産ですから、熾烈な競争が追求される市場経済の間尺に合わず敬遠されがち、出産、育児、家事などといった活動は、主として女性のそれとされ、私的なシャドーワーク扱い、それに対して利潤目的の経済活動は、男性労働力を中心にいわゆる公的領域として展開され、結果的に、資本主義社会は人類史にかつてないほどの、異常なと思われるほどの、モノの「豊かな」、あるいは過剰なまでと揶揄されるほどの社会として仕上っています。

Tさん　しかし問題はこの世界の「繁栄」と裏腹であるかのように突然、出現してきた今回のパンデミック、私的な領域であれ、公的領域であれ、領域を超え女性に広くまた強く圧力が重くのしかかっているのではないでしょうか。女性はますますその自由を奪われていきます。これらのことを念頭に、そもそも市場経済の出生とその後の足取りを一瞥してみます。マルクスが次のように述べています。ここの個所もよく知られているところです。

「商品交換は、共同体の果てるところで、共同体が他の共同体またはその成員と接触する点で始まる。しかし、物がひとたび対外的共同生活で商品になれば、それは反作用的に内部的共同生活でも商品になる。・・・（中略）・・・交換の不断の繰り返しは、交換を一つの規則的な社会的過程にする。したがって、時がたつにつれて、労働生産物の少なくとも一部分は、はじめから交換を目的として生産されなければならなくなる」。

このような共同体間の商品交換の「不断」の反復の過程からやがて貨幣が、さらには市場が生まれ、そこより利潤追求を本性とする資本が形成されていく時間の中で、やがてモノの生産がヒトの生産に対し優先され、ついには資本主義の形成、・・・そして今日に到っているのではないでしょうか。

ともかく「商品交換」の展開という視座から見れば、資本主義という社会は自由、平等、友愛と言われながら、構造的に性差別的な特徴をもった体質なのではないかと見ています。

ここでわたしが問題としたい点は、Tさん　柄谷さんの交換様式論における、いわゆる「A　互酬（贈与と返礼）」や「B　略取と再分配（支配と保護）」、そして「C　商品交換（貨幣と商品）」は、「A」を底辺に相互に重なり影響しあいつつ、「ボロネオの環」としてそれぞれの経済的、あるいは、社会的な役割を歴史的に果たしあいながらも、前二者の「A」「B」には、「C　商品交換（貨幣と商品）」と異なり、利潤を求めて生産力を格別に増大させていこうとする固有のモチベーションなどはないのではないか、ということです。Tさん　わたしの非常識からくる疑念かもしれませんが、いかがでしょうか。まさに抑圧されてきたものの解放のチャンスとなる、「交換様式Aを高次元において回復することにある」（『世界史の構造』）という交換様式「D　X」を観念していかねばならない今日、以上のことを考慮にいれてウイルス問題への対応も交換様式の社会的歴史的な在り方との関連で追究されていくべき課題かと、目下、思っているところです。

資本制社会の病理深まればノートに記すassociation

二〇二〇年四月一日、記

3.「柄谷行人」という妖怪

（1）

Tさん　パンデミックの最中、アメリカでのレイシズム問題、人命の差別、格差もカネ次第、空恐ろしいです。職業だって高収入のそれと、そうでないそれと、世間的に評価が違う世界、嫌になりますね。政府が設置した何とか専門家会議に選ばれた大学の教授と、肩書がつくだけで優秀で偉そうにきこえたり・・・、そんなことを考えていたら、石田比呂志さんの「〈職業に貴賤あらず〉と嘘を言うな耐え苦しみて吾は働く」(『歌集　無用の歌』現代短歌社、二〇一三年)の歌が思いだされたり、漱石の『草枕』の冒頭の文章がしきりに流れてくるんです。

いったいTさん　肩書ってなんなのでしょう。例えば、図書の表紙とか奥付に著者の紹介がありますね。どこで、いつ生まれたとか、どこの大学の出身でなにを専門としているとか、職業など・・・とか、なんと言い表わしたのがいいのか、よく分かりませんが、慣習的というか、意外に物神化され制度的になっているのです。学術書関係の書物はおおむねそうなってます。パターンが決まっているんですね。たくさんの本を著わしている柄谷さんのばあいも例外ではありませんが、柄谷さんに特別な関心をもったのは、つぎのような点が気になっていたからです。

(2)

専門とかをめぐっては普通、多くは大学のカリキュラムに出てきそうな、経済学、社会学、政治学、・・・哲学、宗教学とかの科目名(あるいは、そのあとに者が付く)が紹介されているのですが、柄谷さんのケースは、いま手元にある著書を見るだけでも、評論家、文芸評論家、批評家、文芸批評家、それから哲学者、思想家と、いろいろあって印象的だったのです。時期的には現在に近づくほど哲学者、思想家にしぼられ、それ以前と分けられています。

この現象、なにを意味しているのか、とにかく考えたくなりました。

近年と言いましたが、Tさん　『トランスクリティーク──カントとマルクス』(岩波書店、二〇一〇年)辺りを境にして、たしかに柄谷さんのテーマも、またその筆致も、だれでも読んでみればそう思うだろうように変わってきてます。柄谷さん自身もこう述べてます。(『柄谷行人講演集成 1995─2015 思想的地震』筑摩書房、二〇一七年、ここでは文芸批評家・思想家)

「この本は、ある意味で、文学批評です。実際、その表題の〝クリティーク〟は批評という意味です。カントとマルクスのテクストを読み、そこから新たな意味を汲み上げること。その意味で、これまで私がやってきたのと同じ批評、つまり、文学批評です」。

ではTさん　柄谷さんにとっての「文学批評」とはどういうものなのか、ご自身で次のように説明してくれます。大切なところです。

「文学批評は、文学作品を論じることですが、私が文学批評をやろうと思ったのは、たんにそのためではありません。文学批評では、対象としては文学でないものを論じることができます。たとえば、哲学や宗教学、経済学、歴史学といったものも、文学批評の対象となる。文学批評とは何を扱ってもよいのです。それが書かれたテキストであるならば。もし哲学や経済学、歴史学といった何かを専門にすると、それ以外のことができなくなる。が、文学批評であれば、それができる。わたしは欲張りなので、文学批評を選んだのです。

だから、私は、文学批評をやめたといっても、別に、今までとまるで違ったことをやりだしたわけではありません」。

こう繰り返すように語りながらも、しかし新しい「スタンス」を新しい境地のごとく披露してくれます。

「しかし、一方で、私はこの書物で、それまでのとは違った、私自身のスタンスを提示しています。そのことは、表題のtranscritiqueという語にも示されています。ちなみに、この語は私の造語ですから、英語の辞書には出ていません。ここで、トランスは、超越論的（transcendental）および横断的（transversal）という意味です。前者はカントの方法です。それは垂直的です。私が強調したいのは、後者の、横断的という意味合いのほうです。それは移動（shift, displacement）と言い換えてもいいと思います」。

Tさん　この自負さえ感じさせる「スタンス」こそ、文芸評論家、批評家から哲学者、そして思想家にメタモルフォーゼさせていく機会だったんでしょうか。ご自分でも先の『講演集成』の「あとがき」に近い末尾に「一言でいえば、私は文学的・批評的であるよりも、哲学的・理論的となった」と書いております。その意味でも『トランスクリティーク』（ここでは、評論家）という仕事は、『探究Ⅰ』の『学術文庫』へのあとがき」にご自身の中での「クーデター」、あるいは「命がけの飛躍」でもあったと述べているごとく、柄谷さんにとって大きな事件であったことが推察されてくるのです。

（3）

改めて思いだされるのですが、この本で「カントの方法」をめぐる「超越論的」なる概念に執拗に食いさがる柄谷さんの気迫、鬼気せまるものがありましたね。文体まで変わってきます。ということは、筆者の思考のあり方がそのような文体を創りだしているのが見えるようです。

こうしてその数年後には『世界共和国へ』（ここでは、評論家）、十余年後には「今回、生涯で初めて、理論的体系」として創りだされた金字塔、『世界史の構造』（ここでは、思想家）へと展開していくんです。

Tさん　しかし、『トランスクリティーク』であれほど厳しく、激しく追究していた「超越論的」（や、不可避的にそれに関わる「他者」）という概念や言葉は上の二著では、ほとんど使用されることなく、せいぜい数個所ぐらいになっています。「超越論的」なることは、柄谷さん自身の研究姿勢に、あるいは前提に、思想として昇華してしまっていたのではないでしょうか。思想とはそういうものなのではないでしょうか。

しかし、考えてみれば、この姿勢、文芸批評家として著わした『マルクスその可能性の中心』の時代から通底していた思想なのではと思っています。カントにアクティブに取り組みようになって以降、それが自覚的になってきただけのことではないでしょうか。

それはともあれ、Tさん　重要なことは、先便でも強調しておいたように、「超越論的」であることには、超越的とは違い、「主体的＝倫理的」でなくてはならない、カントに言わせれば「道徳的＝実践的」であらねばならないことが含意されています。ということは、Tさん　わたしたち読者の生き方、あり方を問いただしているようにも受けとめられてくるのです。

『世界共和国へ』の「あとがき」でも柄谷さんは以下のように書いているのです。

「私は二〇〇一年に、『トランスクリティーク――カントとマルクス』という著書で、資本、国家、ネーションを三つの基礎的な交換様式から見、さらに、それらを超える可能性を第四の交換様式(アソシエーション)に見いだすというような考えを提示した。しかし、それは萌芽的で不十分なものであったから、以来、私はそれをもっと緻密に練り直した続編を書こうとしてきた。そして、それはほぼできあがっている。

ただ私の不満は、それが専門家にしか通じないような著作だという点にあった。このような仕事をするかたわら、いつも私は自分の考えの核心を、普通の読者が読んで理解できるようなものにしたいと望んでいた。というのも、私の考えていることは、アカデミックであるよりも、緊急かつ切実なる問題にかかわっているからだ」。

最後に書かれている「アカデミックであるよりも、緊急かつ切実な問題」というのは、本書の末尾に集約されている戦争、環境破壊、経済的格差を念頭に読者へ伝えているのだと思います。いま進行中のパンデミックのあり方も上の「切実な問題」と関わる深刻な問題です。その現実に生きているわたしたちが柄谷さんにいま問われているのです。

Tさん　話がまた振出しに戻りますが、肩書って制度的、現代社会に制度的なんですね。それこそ「他者性」の欠く「他者」の並列的なモザイクか、秩序に見えます。物神化されています。それゆえ、わたしたち各自が、そんな頭と精神から脱皮し、「垂直的」でもあり、「横断的」な「超越論的」な態度をもてるようにしなければいけませんね。

真にそのような「スタンス」にたてたときに、生き方は普遍的ともなるのではないでしょうか。残念なことに、現代は『世界共和国へ』の冒頭に指摘されているような「理念と想像力なき時代」です。国民国家という世界を超えた「柄谷行人」という存在はそんな現実世界を揺るがす、「他者性」を文字通り備えた妖怪ともなっているのではないでしょうか。

コロナ禍の机の端の地球儀に大きく描く世界共和国

二〇二〇年六月一一日、　記

4．「人間はつねにみずから解決しうる問題のみを問題とする」

（1）

Tさん　さっそく『トランスクリティーク――カントとマルクス』(岩波書店、二〇一〇年)、読んだんですね。いまは柄谷さんの『探究Ｉ』(講談社、一九九二年)、『探究Ⅱ』(講談社、一九九四年)まで購入、用意しているとのこと、凄いです。読み終わったら、またご意見をおきかせください。ちなみに、『探究』執筆の切っ掛けをめぐって柄谷さんが大澤真幸さんにこんな風に語っています(『戦後思想の到達点』ＮＨＫ出版、二〇一九年)ので、大切な点とも思い、お伝えします。柄谷さんらしいです。

「《共産主義はわれわれにとっては、つくりだされるべき一つの状態、現実が基準としなければならない一つの理想ではない。われわれが共産主義とよぶのは、いまの状態を廃棄するところの現実的な運動である。この運動の諸条件はいま現存する前提からうまれてくる》（『ドイツイデオロギー』古在由重訳、岩波文庫）

要するに、共産主義とは、未来に置かれる理念や理想なのではない。現にある状況に抵抗しそれを変えようとする運動である。そして、共産主義が未来にあろうとあるまいと、そのように運動をやめることはしない。マルクスはまた、未来について語ることは反動的である、とも言っています。

僕はずっとそういう考えでいたのですが、ただ、一九九〇年代になって、状況が変わってきた。ソ連圏が崩壊したからです。そして、社会主義の終焉、『歴史の終わり』というコーラスが世界的に起こった。そのなかで、何かもっと積極的な見方が必要なのではないか、と思うようになったのです。そして、史的唯物論を批判するだけでなく、あらためて検討する必要があるのではないか、と考えていた。そういう気持があったので、一九九八年に、交換様式という考え、特に、交換様式Dという考えが湧いてきたのだと思います。

たぶん、『探究Ⅲ』を書きながら、カントについて考えたことが大きいと思います」。

Tさん　『トランスクリティーク』はそこの序文にも書いてあったと思うのですが、文芸雑誌『群像』の一九九〇年代に掲載された『探究』シリーズのⅢをもとに出版されたものです。そのことはともあれ、上述の引用は繰り返しになりますが、大澤さんとの会話からのものですが、文章ではもちろんのこと、柄谷さんの語りには人を引きつける魅力があります。マルクスのものを読んでいるときと同じよう、いつも緊張させられます。原稿はいつもペンで書いているので引用するときなど、一字一句、いっそう強く感じられるのです。

話が戻りますが、Tさん　「社会主義の終焉、『歴史の終わり』というコーラスが世界的に起こった」時代というと、この頃、「パラダイム転換の声かまびすしいかにあるべき **Marxism** は」「崩壊すべき体制の崩壊し社会主義思想ただ透き通る」（『歌集　教師稼業』こうち書房、一九九四年）といったような歌を詠んだことを思いだします。それと同時に、『経済学批判』（学生時代の古めかしい訳本ですが、宮川実訳、青木書店、一九五一年）の「序言」のなかの以下の一行が想起されてくるのです。引用は当用漢字に改めました。

「人間はつねにみずから解決しうる問題のみを問題とする」

史的唯物論に批判的な執筆者であれ、好意的な研究者であれ、「序言」が引用されるさい、長い文章となるからか、ここの一行（中略）、文字通り省略されていることがしばしばあるんです。『世界史の構造』でも略されてます。でも、わたしの好きな言葉なんです。(1)

それはさておき柄谷さんは、カントの研究を深め、『トランスクリティーク』を著し、それより十余年かけ、交換様式論を軸として体系化した『世界史の構造』を生みだしていきます。共産主義は、「交換様式D」に位置付けられ提示されることになります。まさに、みずから問題とした問題をみずから解決したことになります。

ところでＴさん　先のマルクスの言葉の前には周知の、こういう文章がありますね。例の、社会構成体における土台と上部構造の関係についてです。

「かかる変革を観察するにあたっては、われわれはつねに、経済上の生産諸条件に起こった物質的の・自然科学的に忠実に確証されうる・変革と、人間がかかる衝突を意識するようになりかつこれを戦い決するところの法律的の・政治的の・宗教的の・芸術的の・あるいは哲学的の・簡単にいえばイデオロギー的の・諸形態とを区別しなければならぬ。かかる変革時代をその時代の意識から判断することは、ちょうどある個人が自分じしんのことをどう考えているかによってその人を判断しようとするのと同じで、たんに不可能であるだけでなく、むしろこの意識が、物質的生活の諸矛盾から、社会的生産諸力と生産諸関係とのあいだに現存する衝突から、説明されねばならぬのである。ひとつの社会構成は、そのうちで発展しうるすべての生産諸力が発展してからでなくては、けっして没落せず、また新たな・より高度の・生産諸関係は、その物質的な実存諸条件が旧社会そのものの胎内で孵化しおわるまでは、けっして従来のものに取ってかわりはしない。だから」。

Ｔさん　うえの引用にすぐつづいて「人間はつねにみずから解決しうる問題のみを問題とする」がくるんです。

(1)『マルクスその可能性の中心』（講談社、一九九〇年）では、序章の前のページに訳文は違っていますが、「人間が立ちむかうのはいつも自分が解決できる課題だけである」というマルクスの言葉が載っていますが、出典が示されていません。本文のそれではないかと、勝手に推測してます。洗練された訳文です。Ｔさん　どうみますか。

(2)

考えてみると、マルクスの「序言」が主張された時代では、社会構成体をいわゆる「土台と上部構造」の区別、関連といった視点から認識し、問題化したこと自体、社会的にも歴史的にも大きな事件でもあったのではないでしょうか。「マルクス的転回」の一端だったのでは、と推考しているのです。マルクスならではの超越論的な姿勢から提起されたものでしょう。

それがＴさん　ソ連圏が崩壊していく一九九〇年代、それまで「土台」として語りつづけられてきた生産様式論から、「土台と上部構造」の理解を大きく変えた交換様式論へと旋回を求める柄谷さんの問題提起は、まさにエポックメーキングとしかいいようがありません。柄谷さんは、みずから問題とした問題をみずから解決したのです。これもまた「柄谷的転回」といってもいい事件です。そんなあれこれを考えさせてくれたのも、あのマルクスの一行の言葉です。

『マルクスその可能性の中心』から『トランスクリティーク』へ、二〇余年かけ熟成されていくなかでの心棒のようなものが、とりわけ「他者」問題がまた思想家としての柄谷さんが、大きく迫ってくるようでなりません。

ここでまた以前にも紹介したところですが、『トランスクリティーク』の第一章「カント的転回」の末尾の文章を援用しておきます。カントのいわゆる、三つの『批判』に対する柄谷さんのユニークな見方もうかがえます。「他者」の意味を再認識してくれれば幸いです。また、ご意見をおきかせください。

「要するに、理論的・実践的・美的というような区別によって、カントが追求していた問題を見逃してはならない。重要なのは、カントが『普遍性』を求めたとき、不可避的に、『他者』を導入しなければならなかったこと、その他者は共同主観性や共通感覚において私と同一化できるような相手ではないということである。それは超越的な他者（神）ではなくて、超越論的な他者である。そのような他者は「相対主義」をもたらすのではなく、それのみが普遍性を可能にするのだ。そして、カントのそうした「批判」の徹底性は、彼が趣味判断における普遍性の問題、つまり「批判」の問題からはじめたことによるのである」。

Tさん　この姿勢というか、思想というかこの柄谷さんの想いが通奏低音となって『世界共和国へ』、『世界史の構造』・・・・のなかで、響いてくるのです。

　昂れば読み通すのが惜しくなる明日に遅らす第四部第二章

二〇二〇年七月一日、　記

5．『世界共和国へ』の道

（1）

Tさん　柄谷行人さんの『世界共和国へ――資本=ネーション=国家を超えて』（岩波書店、二〇〇六年）、『倫理21』（平凡社、二〇〇三年）をさっそく読んでくれたのですね。しかも、こころの開眼手術を受けたようだという読後感、本を推薦したものとして嬉しい限りです。実を言えば、敬遠されるのではと思っていたんですから。

理系の大学院の出身で、しかもいつも仕事で多忙をきわめるTさんが社会科学の魅力にひかれたなんて、不思議な気持でおりました。

ひたすら自分の専門領域の仕事にしか関心をもたず、それこそ木を見て森を見ずで、それでよしとしてきたいままでの視野狭窄的自分を反省し、世界とその歴史を考え、自分の過ごしている社会のコンテクストの中で自分の立ち位置を確かめつつ、何をしなければ、またいかに生きねばならないという、あらたな心境だときいて、そのことは、わたしにも当てはまりそうな点もあり、痛感していたんです。

そのTさんが、社会科学にいよいよ本格的に興味をもちはじめ、さらにいっそう勉強したく、経済的になんとか遣り繰りできる見通しもたったので、いずれ会社勤務をやめ、その方面の大学院に進学したい、その準備をはじめている、というTさんの手紙にいま驚いております。『世界史の構造』（岩波書店、二〇一五年）を読みはじめたり、岩波の『定本　柄谷行人集』まで購入したことなど、魂消るばかりです。職場でのハラスメントが理由で辞めるのではないという点も、すっきりしていていいです。ぜひ実現してください。いままでにもすでに柄谷さんの文芸評論や、大澤真幸さんの著書をはじめ社会科学書をずい分読んできたTさんだから、楽しみにしてます。

きょうは、柄谷理論をめぐるわたしの思いの一端を紹介したいと考えています。

今年（二〇二〇年）に入って半年の間にTさん　アメリカ、中国、ロシア、それに（侵略戦争への悔恨も忘れ）日本が国家予算に軍事費を増額しているというニュースに接したとき、柄谷さんが過ってきたんです。

柄谷さんは『世界共和国へ』の最終部の、しかもその末尾の方でこういうことを書いていましたね。わたくしにとりもっとも強烈に響いてきた個所なんです。

「人類はいま、緊急に解決せねばならない課題に直面しています。それは次の三つに集約できます」と述べ、第一に「戦争」、つぎに「環境破壊」、三番目に「経済的格差」と、三つをあげるのです。「これらは切り離せない問題です。ここに、人間と自然との関係、人間と人間の関係が集約されているからです。そして、これらは国家と資本の問題に帰着します。国家と資本を統御しないならば、われわれはこのまま、破局への道をたどるほかありません」。

柄谷さんのこの判断、またその筋道、きわめて妥当なものと思ってます。その上のことですが、こんな経験を思いだすのです。

もしTさん　研究者でも、いやだれでもいい、人類がいま、「緊急に解決せねばならない課題」とは、と、（同著の発行年次ではもちろん、今の時点でもいい）誰かに訊ねたら、第一に、戦争勃発の危機が余程迫ってこない限り、戦争をあげるものは少なく、多分多くのものは環境破壊とか経済的格差、あるいは（今だったら、パンデミックを考えるでしょうが）別の課題をあげてこたえてくるのではないでしょうか。この問題、いかに考えるべきでしょうか。たかが順位の問題ではないか、とは受けとめたくないんです。

戦争は、人間の自由を奪い、（コロナ禍の現在のように）拘束するばかりでなく、人間の生存条件たる経済システムを破壊、混乱させるものです。柄谷さんの先の判断は、そんな戦争の勃発の蓋然性の高いことを理論的に、また歴史的に察知、予知しての判断かと思っているのです。その考え方のエッセンスだけでも紹介しましょう。

ここからはTさん　柄谷さんの別著、『憲法の無意識』（岩波書店、二〇一六年）からの引用となります。便宜上継ぎ接ぎしながらの援用となりますが、著書の主旨には変わりないと信じてます（Tさん　正確を期するためにこの本、ぜひ読んでください。読み始めたら面白く、一時も手放したくなくなります）。

（2）

Tさん　柄谷さんは、個別単位の国民国家（いわゆる「資本＝ネーション＝国家」）からなりたつ「世界資本主義（近代世界システム）の歴史的段階」には、自由主義的段階と、帝国主義的段階（両概念とも氏独自の理解にもとづく概念です）の二つの段階とが歴史的に交互に、循環的にあらわれてくるものと把握し展開しています。

世界資本主義にヘゲモニー国家が君臨しているため、戦争が抑制されている自由主義的段階の時代とは異なる「帝国主義的な段階とは、資本＝国家が次のヘゲモニーをめぐって争う段階」なのだと規定しているのです。両段階の区分の仕方、旧来の「マルクス主義」者の通説とは異なり、明快、わたしにはそうみえます。

さて、Tさん　一九九〇年以降からはじまる、まさにわたしたちの生きている最中の帝国主義的段階での「最後の問題は、没落しつつあるアメリカに代わって、新たなヘゲモニー国家となるのはどこか、ということです。それが日本でもヨーロッパでもないことは、確実です。人口から見ても、中国ないしインドということになります。しかし、・・・（中略）・・・中国やインドの経済発展そのものが、世界資本主義の終りをもたらす可能性があるということです」。

金融資本や商業資本がいかように発展しようが、それを土台として依拠せざるをえない実体経済をつかさどる産業資本の成長が確保されていなければ、資本主義の経済発展は終わるものだからです。そもそも産業資本の成長には三つの条件が前提されるといい、第一に、「産業的体制の外に、『自然』が無尽蔵にあるという前提」、第二に、「資本制経済の外に、『人間的自然（人間という自然）』が無尽蔵にあるという前提」、第三に、「技術革新が無限に進むという前提」を柄谷さんはあげています。しかしこれらの前提がいまや「限界を露呈しはじめ」ていると、柄谷さんは指摘するのです。「資本と国家にとっては、これは、致命的な事態です。資本の弱体化は国家の弱体化でもあります」。したがって、「今後、世界市場における資本の競争は、死にものぐるいのものになります」。「といっても、それは、ただちに他の資本=国家との戦争になるわけではありません」が、しかし「一九世紀末の帝国主義がどのように終わったかをふりかえってみ」ると、「第一次大戦を機にして終わった」ように「現在の新自由主義的（帝国主義的・・・篠原）段階も、やはり戦争を通して終息する蓋然性が高い」と、氏は洞察するんですね。注意しなければならないことは、切っ掛けは問わないんです。戦争は意外なことから始まっていくものです。怖くなります。

初めに紹介しておいたように、人類が緊急に解決せねばならない課題の第一番に戦争をあげていた柄谷さんの認識、その思い、改めて重く受けとめていかねばならぬと繰り返したいんです。

Tさん　絶大な破壊力と放射能効果をもつ核兵器が世界中に遍在しているような今日をおもうとき、戦争がもし勃発するようなら、人類は、地球は、まさに「破局への道」を、ひたすらたどることになるのではないでしょうか。国民国家に生きるわたしたち、いま、なにをすればいいのでしょうか。

この事態に対処していくための国内における「下から」の運動の展開はもちろんのこと、これと並行、連係して、柄谷さんが高く評価しているカントに関わる「世界共和国」の成立に向かって、国際的なレベルで国連のような国家間の世界的組織の活動の「上から」の強化をすすめていく、（『世界共和国へ』からの言葉でいえば）「漸進的な『同時的世界革命』」を追求していくことではないでしょうか。（このことは、パンデミックの克服のためにも通有してくるあり方でしょう。）

ちなみに、いささか中途半端な援用となりますが、カントは『永遠平和のために』（岩波書店、宇都宮芳明訳、二〇一五年）でこう言ってます。

「自然は人間の傾向そのものにそなわる機構を通じて、永遠平和を保証する。なるほどこの保証は、永遠平和の到来を（理論的に）予言するのに十分な確実さはもたないけれども、しかし実践的見地では十分な確実さをもち、この（たんに空想的ではない）目的にむかって努力することをわれわれに義務づけるのである」。

「永遠平和のために」に「世界共和国」を創る「努力」をすることは、人類の「義務」なんですね。フランス革命の起こった時代に書かれたものであるにもかかわらず、いまもリアルであり、その斬新さに驚異を感じているんです。

Tさんの話に戻りますが、自分の身の回りにしか関心がなくなり、他の世界に目を及ぼす余裕がなくなっている人生、Tさんだけのことでなく今の社会が構造的に仕向けているんではないでしょうか。それこそ、人類が緊急に解決しなくてはならない課題といったようなことを思い、考えることさえできない――『世界共和国へ』の冒頭の表現をかりるなら、「理念と想像力なき時代」――世界資本主義の現代がおかしいんですね。その意味でもTさんが柄谷さんの著書に触れ、社会科学の魅力にひかれ、進学を決意したこと、改めて凄いことだと思ってます。

「マルクス主義者」の通説、通念に汚染されていない、Tさんのような真っ新なDNAの若い人が社会科学の研究にすすんでいくこと、憂鬱な時代の中での明るい物語です。

〔追伸〕

Tさん　柄谷理論をめぐっては何度も言うようですが、独自であるゆえに批判、異説も多々あるのではないかと思いつづけていますが（それはそれとして大いに論争が展開されることを期待し、そこから学びたいとも思っているのですが）、それとは別に、わたしはこんな関心をもっております。

「資本＝ネーション＝国家」を超えるという構想を柄谷さんにして誕生させた氏のなかの核心、動因は何なのか、ということです。氏の著書を読みながら、いつも離れられない問題です。

柄谷さんは、アナーキストと語られているプルードンとマルクスが思想的に不離不即の関係にあったことを、執拗に強調していたように受けとってきたのですが、この二人　の間に流れる自由なるものの価値を他のいかなる価値よりも優先、重視するという思想が柄谷さん自身の重心ともなっていたし、またいるからではないか、と推察しているのです。このことはまた柄谷さんによってしばしば援用されている「他者を手段としてのみならず同時に目的として扱う」というカントの言葉に通う、また重なっていく思想ではないでしょうか。

そのうえでTさん　柄谷さんは自己の生き方をめぐっても徹底してそうであるがゆえに、現実的にも、また理論的にも徹頭徹尾、鋭い眼をもったリアリストになれたのではないか、そして、その眼光はさらに己自身の自由という「自然」の追究に向けられていくのではないか、と、目下考えているのです。（ちなみに、後の方は、柄谷さんの「マクベス論」（『意味という病』（講談社文芸文庫、一九八九年）からの連想です。）

ともあれ、柄谷さんは「理念と想像力」をもった、現代に優れた哲学者であり、思想家であるというべきではないでしょうか。そう言いたいです。

Tさんの感想、楽しみにしています。

軍拡が世界のこころ切り裂けば蘇りくるカントのことば

二〇二〇年七月二三日、　記

―特集　柄谷行人のまなざし―

個体性と単独性―交換様式論とのかかわりで―

竹内　真澄

はじめに

柄谷行人は、一九六〇年代末から、一個の主題に執着してきた。それは、一般―個別（もしくは特殊）という概念とは別に、普遍―単独という区別をたてるという企てである。

彼がなぜこうしたカテゴリーの詮索に関心を寄せるのか理解することは、さほど難しいことではない。それは、これまでの社会、資本主義社会ばかりでなく「現存した社会主義」も、本当に個体を大事にしたことがないと総括したからにほかならない。「個人はいつも社会の一員としての個人だけが認められ、『この私』は無視されている」と彼は述べている。このことは、言い換えると、彼が概念的に区別した「一般」あるいは「類」のなかに、個体のもっとも個体らしい次元としての単独性が消し去られるということでもある。およそ近代哲学、近代文学ならびに社会科学がその思考枠組において認めているのは「近代的個人」という通念であるけれども、それは個体（開かれた自我）のように見えるのだが、外見とは反対に、「この私」ならざるもの、あるいは個別者（閉じた自我）にすぎず、個体の最も濃縮された核心であるところの単独性を認めないものであると柄谷は看破しているわけである。

では、個体の最も個体らしい本質とは何であろうか。それを柄谷は固有性、一回性、代替不能性というふうに説明している。これは、私が「この私」であり、他の誰も私の人生を私に代わって生きてくれるわけではないという端的な事実から発する固有性、一回性、代替不能性である。

私は、かねてより個体にかんして社会科学はどういう態度で臨めばよいか、十分な答えをもてぬまま思いをめぐらせてきた。しかし、現在までのところこの問題に関して柄谷以上に刺激的な哲学者は存在しないようにすら見える。そこで柄谷が彼独自のやり方で接近している個体性と単独性という主題に関してその著作を検討する中で考えてみたい。

1．「一般性と個別性」／「普遍性と単独性」の混同

柄谷は『現代批評の陥穽—私性と個体性』[一九六九]において、ある種の批評が「しばしば私有性と個体性を混同しがちである」と述べた(1)。これが問題の端緒であったようにみえる。

柄谷は同書で自己の思想と共通性をもちうると考えた源泉を記している。それが平田清明の個体的所有論である。柄谷は平田を論じて、「マルクスが私有性と個体性を区別していたこと、そして私有財産の起源と廃絶について考察したけれども個体性を消滅しうると考えたことはないということを文献的に実証している」と評価した。

ここに柄谷—平田の共通項がある。柄谷によれば「マルクス主義者は一般に個体性をブルジョア性（私有性）と考えてきたし、文学の場合、作家主体は『個体性』として存在することを禁じられたのである。『政治と文学』論はここにおいてなされたささやかな抵抗にすぎない」。それぱかりか、政治経済学の内部問題は文学や現代思想の領域にも広げられ、「フーコーらの場合、個体性の契機を否定しようとする点において、奇妙に類似した論理を生み出すのである」とも指摘されていた(2)。

以上のように考えてくると、柄谷は、（1）平田が二〇世紀マルクス主義における市民社会（自立した個体性）の欠如の問題に再考を求めたのと同じ関心を引き継いでいるが、それだけでなく、（2）一般—個別という対概念にたいして普遍性—単独性の対概念を区別することによって一層ひろく社会の在り方（個体の在り方でもある）をさぐろうとしていることを理解しておくことができる。

先取りして言えば、『トランスクリティーク』[二〇〇一]が取り組んだ「カントとマルクス」という取り合わせもまた、単独者とコミュニズムという二つの原理の和解をめざしたものであったと私は考える。このことをできるだけ丁寧に解明してみよう。

まず、「一般—個別」という対概念にかんして、柄谷が何を論じていたか確かめておこう。『探求Ⅱ』[一九八九]の「あとがき」で彼は、「『個—類』という回路が社会科学における枠組としていかにわれわれの思考を制約しているかを明らかにした」と総括している。ここで言われる社会科学とは、ホッブズ、デュルケム、フロイト、ベルグソン、レヴィ＝ストロースらであるが、おそらく単独者を適切に理論化してこなかった近代哲学一般にこれは妥当するであろう。

しかし、そうした学問にたいする思想的批判よりももっとわかりやすい例を柄谷は示している。「たとえば、ある男（女）が失恋したときに、ひとは『女（男）は他にいくらでもいるじゃないか』と慰める。こういう慰め方は不当である。なぜなら、失恋した者は、この女（男）に失恋したのであって、それは代替不可能だからである」。あるいはキリスト教における「九十九匹の羊より一匹の迷える羊」という寓話にも、集合（一般性）に入らないような個体性、つまり単独性が把握された例があるというのだ。

柄谷は、こうして一般概念に属さない、いわば個の質的な固有性、一回性、代替不能性を持つ単独者を一般性―個別性という対概念から外へ掬いだすのである。柄谷は同書で「この私」の「この性 this-ness」が近代哲学や近代文学には欠落していると論じる。そして欠落は「この性」を尊重しない社会の在り方と関連していると述べる。

本稿は「この性」の欠落という問題は現代人にとってまことに切実な問題となっていると考える。柄谷が恋愛（失恋）の例を出していることは興味深い。なぜなら、人は万冊の恋愛論を読破しても、一回の実恋愛におよぶことは不可能であるからだ。それほど「この私」というものは身を焦がすように切実なものだ。であればこそだが、「この性」の尊重は各自にとって最大限に高度な「普遍性」をはらんでいる。個の視座からすれば、本を読んで「この私」が本当に満足することはめったにありえないとも言える。本が「この性」を満たすことがありうるのは、ただ読書行為がそれまでの「この私」を完膚なきまでに「打ちのめす」場合である。大方の場合、私は一般性―個別性を感じることはあるが、それは近似的なものにすぎない。私たちは、この近似性によって自分をごまかしているのであって、本当に大切なことは、「この私」性を燃やすことなのである。それが柄谷のいう「この性」であると私は理解する（3）。

さて柄谷はマルクス主義や文学やフーコーの中に個体性の欠落をみたのであるが、これと同種の欠落は、すべての体制的な思想にもあてはまる。というのも、私有性と個体性の混同というのは、まず何よりも自由主義（および新自由主義）の問題だからである。原初から考えるなら、たとえばホッブズは私的所有（私人）を解放することで万人の個体性を解放すると宣言した。だから「私的」ということと「個体的」ということは完全に混同されていた。この混同は市民革命に向かうとき必然の混同であり彼自身は本気であった。新自由主義は、自由主義の更新であるから、基本的にこの混同を踏襲する（4）。とすれば、この混同が自由主義と対抗すべきマルクス主義や構造主義あるいは近代文学にまで及んでいたことが柄谷の扱った問題の本質なのだ。だから柄谷がある時期においてマルクス主義や構造主義にのみ批判を向けていたのは公平を欠く。というよりも、彼は自分が思っている以上に価値の高い普遍的な仕事をしていることに気がつかなかったのだ。

自由主義（新自由主義）がどういう概念装置で成り立っているかというと、たとえばハイエクはファシズム、福祉国家、社会主義のいずれもが、市場の保障する私性＝個体性を抑圧するものになるという危険性を強調する（5）。ここには、私性を揚棄するためには個体性を禁じねばならないと誤解する反体制思想の裏返しがある。それは個体性を擁護するためには私性を守らねばならないという混同である。どちらの場合も個体性は見落とされてしまっている。個体性への着目が消えるならば、残されるのは共同体主義か、市場原理主義のいずれかであって、どちらにおいても個体は周辺化されるであろう。

このように課題を再設定しておいて、柄谷にもどってみよう。

彼は、カントとマルクスの「視差」を重視して、両者の可能性を相乗的にひきあげることをめざした。それは興味深い課題である。とりわけ、普遍―個体（柄谷の単独）の対概念をカントがおこなったと断言している(6)ことは注目される。

ヘーゲルはこの文脈からすれば、せっかくカントが区別したものを、一般―個別の回路に回収する者だという位置づけになる。しかし、果たしてそうであろうか。本稿の主張の一つは、自由主義の側における混同を熟知していたのは、したがって普遍性と一般性を区別すべきだとしたのはカントではなく、ヘーゲルでもなく、『ドイツ・イデオロギー』であった点だ。たとえばマルクスはその欄外注記で、ブルジョアジーは「彼らが階級として支配するからこそ自己に**一般的な**表現をあたえねばならない(7)」と語った。このようにマルクスは近代社会で現れる疑似的な普遍性を一般性と呼ぶ。だからまた、**一般性**は、（1）身分に対する階級に、（2）競争、世界交通などに、（3）支配階級の数の非常な多さに、（4）共同利害の幻想に、（5）イデオローグたちの欺瞞と分業に対応する、とも書いた(8)。すなわち資本は一般性―個別性の両極の幅で運動する。ブルジョア階級はこの個別性と対立する一般性の外観をとろうとする。なぜならば、個々の個別者（近代的自我）はその彼岸に彼らに対峙する一般者を生み出さざるをえないからだ。

マルクスは、共同体が崩壊したあとに成立する資本制社会の協業の構造を個別者のコンビネーションとして解明する。資本はその支配が未来永劫のものだと主張する。それゆえ、資本の支配を乗り越えようとするとき、民衆は一般性にたいしては普遍性を、個別性にたいしては個体性を、それぞれ新社会の要素として対置してゆかねばならない。このために一般性と普遍性を区別したのがマルクスであった。柄谷はおそらくこのマルクスの創造的タームをカントに読み込んだのではなかろうか。

けれども、前述のとおり、「一般―個別」との混同を退けて「普遍―個体」の区分の重要さに気づくことは、自由主義（新自由主義も含まれる）の内部では無理なことである。したがって、カントもまた理想主義的であるとはいえやはり自由主義の枠内で思考したと解されるかぎり、普遍―個体という対概念ではなく、一般―個別という対概念でものごとをとらえていたことは否定できない。実際、カントの個人概念はすべて「個別者」と表記され、個別的国家は主権国家の意味であった。『実践理性批判』のカントは、「君の意志の格率が、いつでも同時に一般的立法の原理として妥当するように行為せよ」（波多野精一他訳『実践理性批判』岩波文庫、七二頁、訳語は変更した）と言うが、ここにも普遍性と一般性の区別がまったく欠如しているのである。だから個体性と普遍性という対概念は、カントにさかのぼることはできないのである。

私は、カントは一般性―個別性の回路の中にあったとみなければならないと考える。しかしヘーゲルはカントよりも一歩先へ進んだ。なぜならヘーゲルも「一般性」という概念を使うが、その反対項で『現象学』の時期には個別性と個体性を鋭く区別していたからである。普遍とつながるのが個体、そうでないものが個別者である。ヘーゲルは自由主義の枠から半分だけ抜け出して、人倫概念を鍛えるなかで個体性と個別性（私性）を区別するようになっていた。そしてこのことを受け継いだのがマルクスの個体性概念だったのである。

一般にふたつの対概念の区別はノーマルな自由主義思想のなかからは出てこない。だからこそマルクスは、コミュニズムにおいて個別者ではなく、「個体としての個体の世界交通」（『ドイツ・イデオロギー』）が可能になると論じたのである。個体と普遍のつながりがマルクスにおいて初めて完成されることに注意すべきである。

マルクスが普遍性―個体性を一般性―個別性から区別した際彼は、カントの行った区別を引き継いだのではなくて、ヘーゲル批判の過程でこの区別の意味に気づいたのであった。ところが柄谷は、この事実をとりあげることなしに、カントにおいてあった普遍―個体の対概念がヘーゲルにおいていったん消え、そしてマルクスにおいていわば隔世遺伝すると語っている（9）。

2．『トランスクリティーク』における単独性と普遍性

上記の問題は、普遍性―個体性の区別がマルクスの思想であること、そして自由主義陣営はカントを含めて、厳密に言えばヘーゲルにおいてもこの区別に鈍感であり、むしろこの混同によって民衆を統治するということである。

柄谷はあとで自己の仕事を振り返って、「私性と個体性」【一九六九】の区別の問題を『資本論』の区別に基くものと考え、そこから「個別性と単独性」へ発展させ、さらに「特殊性と単独性」（『探求Ⅱ』【一九八九】）という区別を獲得したのだと言っている。そして柄谷【一九八九】は、「この私」とか「この犬」というばあいの「この性」を単独性と呼ぶ。そして、「単独性は、特殊性が一般性からみられた個体性であるのに対して、もはや一般性に所属しようのない個体性である（10）」という。柄谷は、「一般―個別」と「普遍―個体」を区別しようとし、個体性の意味を単独性にひきあげて研ぎ澄まそうとした。

「この性」としての個体性にたいする柄谷の情熱は、『探求』Ⅱで論じられているとおり彼の文学観や哲学観と関係するものである。ながらく彼は、文学は「単独性」を描くものか、それとも、特殊性に向かうものか問い、「単独性」（この私）を描きうると考えていたらしい。しかし、柄谷は文学観を変え、「文学が『この性』をめざすようになったのは近代小説においてにすぎないが、本当はそれが単独性に向かうのではなく、そのぎゃくにいつも単独性を特殊性に変えようとするのだ」と思うようになったと語る。先に述べたように、「この性」の欠落が近代文学、近代哲学、近代社会科学のいずれにおいても生じたのだという認識が柄谷にはあるのだ。したがって、学問一般のなにをみても柄谷は固有の単独性を見出すことができない。柄谷は、これらが「この性」をめざしてはいるが特殊性へ変えようとするからけっきょくは描かないのだと述べ、単独性が「最も軽視され周縁に追いやられてきた問題である」と失望を隠さない（11）。

このようにもともとあった個体性の擁護という柄谷の情熱は、

単独性という最重要カテゴリーにむかって発展してきたようである。

3. 個体性は単独性に置き換えられるか

柄谷の擁護しようとする単独性とは、およそ孤独な実存といったものではない。彼自身「単独性は、他なるものを根本的に前提し他なるものとの関係において見出されるのである」とも言っているが、社会との関係を含めて言いなおせば、柄谷の求めている単独者とは、社会関係の中でかけがえのない個体の固有性、一回性、代替不可能性がその自己表現を最大限認められるような人間のありかたであり、同時に同じ資格をもって生きている「他者」としての単独者との関係にある者のことだと言えよう。

しかし個体が単独者へ変わった時、たんに言葉がかわっただけではない。『探求』から『トランスクリティーク』への間に、生産様式論から交換様式論への一種の態度変更(転回)が行われた。このことを見落とすことはできない。すると次のような新しい問いが投げかけられてもよい。すなわち個体性がそもそもマルクスの個体的所有の再建論と不可分であったとすれば、柄谷の交換様式論の確立とともに、所有論の文脈におかれていた個体性論は、交換様式論の中でどういう新しい位置づけをえるのかという問題である。

一九八九年から二〇〇一年の間に柄谷はカントを読みふけった。ゆえに、単独性はカント論に結びつけられた。柄谷は、一般と普遍が混同されてきたという認識をここで持ち出してくるが、それはカントが厳密にこれを区別したとする認識を得たからであった。

こうした柄谷のカント解釈にもとづいて、そこから、反対概念にも変化が生まれる。「たとえば個別性や特殊性や単独性が混同されている。したがって、個別性―一般性という対と、単独性―普遍性という対を区別しなければならない(12)」。

柄谷のカント論は『探求』の時期と『トランスクリティーク』の時期とで、若干の不協和音が認められる。なぜなら『探求Ⅱ』で柄谷はカントについて「固有名の問題は忘れられている」とか「サルトルはカントと同様に単独性としての実存に注目したことがなかった」と書いている(13)のにたいして、『トランスクリティーク』になると、カントには高い評価が与えられ、普遍と単独という区別を行った哲学者として称揚されるからである。しかしそういう不協和音についてはここで問題とせず、柄谷に認識の刷新があったと考えて、カントについては『トランスクリティーク』の把握を彼の基本的な見解とみなすことにしておこう。

もともと柄谷が批判するのは、一般性に帰属するところの特殊性(個別性)がそれに帰属しない単独性と混同される、という点であった。だから、この基本的認識がカントにもそなわっていたと考えて「カントは一般性と普遍性を鋭く区別していた(14)」と彼は断言する。あるいはここでわれわれはカントにおける目的としての人格という思想を顧みてもよいかもしれない。人格とは法的範疇としての一般という意味ではなく、カントにとって「この私」の重大さの承認だったからだ。柄谷はこれに続く箇所でカントの言う理性の公的使用とは、公職者が理性を私的に使用することではなく、学者としての資格で世界市民的世界に向かって発言することを指すと述べたと論じている。個別の国家を超えた世界市民的な理性こそが普遍（パブリック）だと柄谷は言うのだ。

再確認しておくと、柄谷の言わんとすることは「個別性や特殊性や単独性の混同を避けて・・・特殊性―一般性という対と、単独性―普遍性という対を区別しなければならない」ということであった。そして人は、個別国家に属していてもよいがひとりで世界市民的であろうと決断する個体であるときに単独者たりうると論じている(15)。

三〇年を超えるこのようなカテゴリーの変遷を見てきてわかるのは、「私性と個体性」は「特殊性（個別性）―単独性」へ置き換えられ、原初にあった「個体性」は、徐々にタームとしては消えるということである。柄谷の中で個体性は単独性へと止揚されたようにみえる。

4．単独性と社会性

柄谷が平田との共通項から出発したとき、「私性と個体性」の混同を戒め、その区別を強調した。この時期には個体論は生産様式論とつながっていたはずである。なぜならば、個体的所有という立論自体が『資本論』の「資本蓄積の歴史的傾向」の章に由来し、生産様式論（誰が生産手段を所有するか）を前提にしてなりたつものであるからだ。

だが柄谷は、個体論を放棄するのではないが、『探求』で個体性の固有性を特殊性（個別性）に対抗させて求めるようになり、それを「単独性」と呼ぶようになった。『探求』ではいくつかの基礎的なカテゴリーが検討され、交換様式論への発想の転換がすでに見られた。たとえば、売りと買いを分析して、等価交換を見出すのではなく、買う側の優位と非対称性を見出すくだりがきわめて印象的である。その後、『トランスクリティーク』の段階では「社会性―単独性」という対概念を獲得するところへ行きついて、単独性に対応する社会概念―これは完全に交換様式論へ移っている―を柄谷は打ち出すのである。

個体性は、いまや「個体性の固有性」としての「単独性」に置き換えられた。

いまや柄谷が何のために単独性を追求してきたかはほぼ明らかである。彼はこれまでのいかなる社会も単独者をその構成原理として認めてこなかったのであり、それを可能にする「社会」は交換様式から見て独特な性格を持つと言いたいのである。それだけでは二〇世紀マルクス主義の負の問題をすべて撃退することはできないかもしれないが、たしかに一人一人の単独性を重んじる構えがもしスターリニズムや毛沢東主義に存在したとしたら、あのような個人崇拝や大粛清は起こりようがなかったにちがいない。だが近代の学問はおしなべて単独性の重要さについてはっきりさせてこなかった。そのかぎり―ただしカントとマルクスを除いては―対岸でぼんやりと傍観していたという弱みは否定できない。「お前の思想の問題なのだ」と柄谷なら言うだろう。単独者の重要さをこのように疎外するのは、『世界史の構造』での認識でいえば資本＝国家＝ネーションの支配なのである。ゆえに、「この私」を根底から論じえなかった理由は交換様式Dについての想像力の欠如以外の何者でもないだろう。

だから『トランスクリティーク』は単独性の問題を「単独性と社会性」という見地から考察している。つまり、どういう社会が単独性を保障するのかを問うのだ。これは交換様式の中に単独者を位置づける作業である。柄谷の単独性とは「この性」であり、個体の固有性、一回性、代替不可能性をさすものであった。すると、それに対応するのは、これまでに経験された「社会」ではないことが予想される。ところで、柄谷はこの時期に単独性に対応する社会性を模索するにつれて、「命がけの飛躍」を頻繁に強調するようになる。

すると柄谷の着目する「社会性」は独特な特徴を帯びている。柄谷によれば、マルクスはフォイエルバッハ批判において、「社会的 sozial」という語をキーワードに使った。しかもそれは共同体でもブルジョア社会でもない、いわば第三の「社会」または「社会的」という概念だというのだ。「第三の社会概念」と仮に私が名づけるのは、柄谷が一回だけつぎのように述べているからである。「それ（マルクスのいう社会）が共同体 Gemeinschaft と異なることはいうまでもないが、市民社会 Gesellschaft とも異なることに注意すべきである・・・マルクスがいう『社会的な』関係は、われわれがそう意識しないにもかかわらず関係づけられているような他者との関係である（16）」。

この個所で、柄谷はどういう社会性を問題にしているのであろうか。マルクスに沿っていえば、『資本論』で交易は共同体と共同体の間ではじまると繰り返し述べ、そうした『間』でなされる交換関係を「社会的」ということの中身だと柄谷は繰り返す。すなわち柄谷は「商品の命がけの飛躍」とよぶべきものこそ「社会性」であると述べ、「彼（マルクス）が商品あるいはそれを生産する労働の『社会性』を語るとき、この命がけの飛躍とその飛躍にともなう不可避的な盲目性について言及しているのである」とも述べる。

ここで問題なのは、かけがえのない単独性に対応する「第三の社会概念」を柄谷がうまく提起しえているかという点である。非対称性や商品の「飛躍」における価値の等置化など、柄谷が言う「社会性」は、ふつう商品交換の無政府性として特徴づけられてきたゲゼルシャフトそのものの属性ではないだろうか。

同じことは柄谷がここで触れた「労働の社会性」についても言える。私見では、マルクスは労働の社会性について語る場合二重の意味をもって定義している。ひとつは、およそ人間労働が同じ空間と時間のなかでもつ直接的な労働の社会性である。自然と人間とを媒介する行為を協業と分業の中でおこなう目的意識的な組織化がそこでの一側面だ。大工業はこの目的意識性を劇的に高める。そしてもう一つは、この大工業の結合労働が所詮は私的労働の中で行われるために、売れるかどうか、つまり柄谷が注目している「命がけの飛躍」を意味する商品論的社会性が伴うという側面だ。これが世界市場における自然成長性となって現れる。

マルクスは『ドイツ・イデオロギー』から『資本論』に引き継

がれる視座の中に「大工業と世界市場」という枠組みを一貫して据えている。世界市場は自然成長的であって、ここで人は商品論的社会性の偶然性にもてあそばれる。しかし反対に大工業（分業にもとづく協業）は直接的な労働の社会化を発展させ、この累積の中で脱自然成長性（目的自覚性）をますます強める。労働の社会化とはこうした二重の、性格の異なる労働の社会性の内的矛盾の発展であり、それが資本蓄積論の中身になっている。これが生産手段の共同使用（占有）を累積させるがゆえに、その現実的な使い方が資本蓄積の歴史的な傾向の中で課題となって人間に迫るというのが個体的所有論の基本的な論点だった。大工業は世界市場に刺激されて労働の直接的社会化を強め、ついには世界市場の商品社会論的交換性（自然成長性）を止揚する地点まで登りつめるというのが、コミュニズム論の骨格である。柄谷は、交換様式論に移って「労働の社会性」に言及しているが、ここで述べた生産様式論から出てくる論理、とくに生産手段の共同使用論への注目は欠如している。

柄谷は、単独性に対応する「社会的」というタームは「共同体と異なることは言うまでもないが、市民社会とも異なる」と言っているが、私にはこの「第三の社会概念」は本質的に商品論的交換を超えているとは思えない。しかもこれでは、マルクスの労働の社会化の弁証法は商品論的社会性に還元され、事実上消されているとみなさざるをえない。

労働の社会化の弁証法を抜きにして、したがって生産手段の共同使用を基礎とする個体的所有の再建という論点を無視して、社会性を商品論的社会性に還元する柄谷の傾向は、他の箇所にも認められる。たとえば「人は社会のなかで個人化する」というマルクスの有名な言葉がある。これは社会が何を意味するかによって意味が変わってくると柄谷は言う。「それが共同体を指すのであれば、共同体に反して普遍的であろうとする個人は空虚な主観的幻想でしかないことになるだろう。だがそれが「社会」という意味であるならそれは『人は普遍性の中でシンギュラーになる people become singular in universality』ということを意味する」という(17)。もちろん、柄谷は普遍（「社会性」）のなかでのシングル化、すなわち単独者となるという意味を支持し、マルクスのこの文章に自己の根拠を発見しているのだ。

しかし、これはマルクスの文章をまったく誤読したものである。そのことを次に述べよう。

5．柄谷における個体と個別者の混同

いま「人は社会のなかで個人化する」というマルクスの言葉についての柄谷の解釈をみたのであるが、本来の意味はまったく異なる。

柄谷の引用している文章を全体として示せば、こうなる。

「人間は・・・社会ゲゼルシャフトの中でだけ自己を個別化する」（『資本論草稿』①訳二七頁）。

すなわちここで「社会」とは、ブルジョア社会を指している。「自己を個別化する」というのは、ホッブズが述べたように、おのれ個別の利益や名誉を最大化することに躍起になる近代的人

間の型にはまるということだ。だから社会において「普遍と単独」は生成せず、反対に一般性―個別性の回路にたつ人間が生成するのである。しかも「個別化された個別者の立場」というのは、この文章のすぐ前に「個別化された個別者の立場をつくりだす時代こそ、まさにこれまでのうちでもっとも発展した社会的な諸関係の時代なのである(18)」と論じられていることからして、個体の立場ではなく、個別者の立場を指すのである。

柄谷の「社会性」は単独者を可能ならしめる条件であった。しかし、その根拠として引き出されたマルクスの文章は、反対に人を個別者とするという意味なのだ。少なくともこの箇所に関する限り柄谷の企ては反対物を同一視している。この背後にはもう少し根深い理論上の問題があるように思われる。

まず第一に、柄谷は個別者と個体（単独者）を区別するところから出発したにもかかわらず個別者と単独者（個体）をふたたび混同してしまっている。なぜこういうことが起こるのか、それにはそれなりの理由がありそうだ。柄谷は社会のなかで「個別化された個別者の立場」が出てくることを、まったくさかさまに解釈して、普遍性の中に単独者（＝個体）が現れることであるかのように読みこんでしまっている。個別者の体制を超えることがマルクスの思想的課題であり、個体性―普遍性を獲得することはブルジョア社会を止揚することでなくてはならなかったはずである。ところがこの誤読に従うと未来社会は、共同体でもなく、市民社会でもない、いわば第三の社会概念であることになってくる。それは柄谷がこの第三の「社会」が規則を共有しない社会であるという点を強調するために立論したものだ。柄谷はこれを強調すべく、「しかし、これ Gesellshaft も一定の規則を共有する共同体である」と社会を「共同体」と同一視しなおしている(19)。すなわち、いずれでもない第三の「社会」は、あるアスペクトで多数体系的なルールを生成してゆく「非共同体」でなくてはならないということなのである。

すると柄谷の社会論に逆の問題が発生する。柄谷によると「労働の社会性」とは「命がけの飛躍」を生きることであり、多数体系的である社会を生きることだった。しかし、逆ではなかっただろうか。マルクスは商品社会の「命がけの飛躍」を制御するようなユニヴァーサルな規則を対置していくことに人間解放の可能性をみていたのではなかっただろうか。

第二に、一般に自由主義社会は、近代世界システムである以上、「一般と個別」というカテゴリーによって民衆を統治する。ブルジョアジーはこのカテゴリーに対抗する普遍性―個体性に自らすすんで歴史の舞台をあけわたすことはない。実際、ホッブズからロックを経てスミスに至る系譜にあっては、個体性と個別者（私人）は混同されてきた。カントも自由主義者である限り、私的所有を万石の基盤としている。したがってこの混同から抜け出すことは道徳的な意味においてしかできないのである(20)。個別国家が利己心を超えるという判断は、労働の社会化の弁証法が発見されるまでは、道徳的な命令にとどまるほかはなかった。

だから、ヘーゲルが指摘したように、カントの世界市民社会論は摂理の「憶測」でしかなかった。しかし、そう批判したヘーゲルも世界精神を体現するのはいずれかの民族国家であるとして、世界市民社会への道をふさいでしまった。だから、カント的な世界市民社会論はまだブルジョア的人間論の本質を身につけたままであるし、ヘーゲルも民族国家のヘゲモニーを追う点では脱世界システムの観点に立つわけではない(21)。

これにたいしてマルクスは両面批判的である。一方では、個別者は必ず主権国家を樹立してしまうのだから、カントが言うように理性が傾向性を抑えると期待するのは、世界市民社会論としては観念論的すぎる。他方で、ヘーゲルのように、民族国家を人類史の最高段階に置くのは、「個体としての個体の世界交通」と大工業の意義をみない限界を露呈したものだ。

「個体としての個体の世界交通」という理念は、すでに述べた労働の社会化の弁証法からひきだされるべきものである。柄谷がよく引用するように、「共産主義とは、われわれにとって成就されるべき何らかの状態、現実がそれに向けて形成されるべき何らかの理想ではない。…この運動は現にある前提から生じる」というのは、デモが大切だというような意味ではなく、大工業と世界市場の間の矛盾が運動そのものだという意味なのだ。

ところが、生産様式論から交換様式論へ転回する柄谷にとって、マルクスの生産様式の弁証法(22)は、柄谷の交換様式論のどこに位置するのか不明になってしまう。そればかりか、柄谷は当初の狙いにもかかわらず個別者と単独者(個体)とをふたたび混同しているのだ。むろんカントは私性を抑制する能力を理性に期待し、ヘーゲルは、国家の個体性に期待したが、いずれも世界規模で発展する労働の社会性の中に個体の可能性を読み取ることはできなかった。マルクスによれば私性を超克するのは、個体的所有だが、その基礎には生産手段の共同使用がある(23)。共同使用を基礎として個体的所有を再建することがアソシエーション社会の条件である。この共同使用の位置づけが柄谷交換様式論では消えてしまうのである。

第三にもっと本質的なことは、個別と個体という対概念を区別することじたいに意味があるのではなく、むしろ個別性(私性)の運動法則から個体性の条件をひきだすことにマルクスの論理の強みがあるということである。これは、労働の二重の意味における社会性の矛盾が私性のなかで蓄積されることからマルクスが立論した重要な点である。柄谷は、カントの区別をヘーゲルが捨て、マルクスがひろいあげたのであって、マルクスの「社会性」の概念のなかに単独性のモメントが強く存在する(24)という認識を披瀝する。だがこれも真実とは反対だ。マルクスはシングル化(個別化)と一般化による疎外の内部で資本が運動するからこそ個体性が現れるというふうに洞察したのである。

6.「個体としての個体の世界交通」をどう理解するか

右で述べたように、マルクスは①旧共同体→②ゲゼルシャフト→③「個体としての個体の世界交通」(単独性)という歴史把握をもっている。柄谷は③の個所に独特の「社会」概念を代入した。それは、ゲマインシャフトでもゲゼルシャフトでもないような、単独者の作る「社会」を指す。だが柄谷独自のこの「社会」は元来③の意味にきわめて近いはずであると思われるのに、徐々に外れてしまっている。

『ドイツ・イデオロギー』『資本論』のマルクスは、生産力の普遍的性格によって世界市場を「個体としての個体の世界交通」へと転化させる。この際、個体は相互に様々な領域を超えて個性を発揮する人びとであり、社会は自己実現する場である。少し具体的に現代から表象して考えてみれば、われわれはしぐさや身振り、言語、慣習などにローカルな文化を貯蓄し、そこから、抽象法、世界人権宣言、国際人権規約など多数の次元の体系の間を生きてゆかねばならない。普遍と個体を独特なかたちでより合わせることが個体の生成であるから「この私」は文字通り日常生活において感覚的な解放を享受するほかはあるまい。それは頭でわかることではなく、実践的に生きることだ。

そして、本来柄谷がこの多数体系性にこだわったのは、『探求I』において言われたとおり、「社会を、共同体=単一体系に変えるという、ありふれた考え」に行き着くべきではないことを注意喚起するためであった(25)。

柄谷が多数体系的であることを重視する理由は書かれていない。しかし理解することはできる。私の理解では、現在、自由主義や新自由主義がなお覇権をにぎっているのはゆえないことではない。新自由主義は、もし個別的なものが消えうせれば、人間の単独性(≠個体性)も消えてしまうと脅している。自由な市場がなくなれば人間の自由も消えるのだと。この恐怖が北朝鮮や中国における自由のなさと重なって新自由主義の側にエネルギーを充填するのだ。共産主義が個性を死滅させる独裁社会であるなら、新自由主義に身をまかすしか手はないではないかと少なからぬ人は考える。しかし、柄谷はここで登場する。「第三の社会」が多数体系的であることを積極的に論証できるならば、新しい社会はダイナミズムを担保しうるにちがいない。単独性(個体)が互いに直接的な社会性を承認しあうような社会にダイナミズムが枯渇する理由はないのである。

柄谷の言う単独者の意味を考慮にいれると、ある面では「個体としての個体の世界交通」はわかりやすくなる。なぜなら、固有性、一回性、代替不能性を解放的に生きている社会こそ、もっともダイナミックな社会であるからだ。

ところが、柄谷は単独者を評価するとき、「命がけの飛躍」のイメージを繰り返し、商品論的社会性を裏付けに置きすぎている。このために、第三の社会はすぐれて私人中心の、したがって、商品論的社会性の方向に誤って偏奇していってしまうのである。

7. 単独者論のゆらぎと危うさ

こうして、柄谷のいくつかの著作から個体ないし単独性の行方を見守ってきた我々は、いくつかの暫定的な結論にゆきつく。

第一に柄谷が新しく提起した交換様式論からのアプローチで、個体的所有論を以前よりも具体的かつ豊饒につかみえたのかどうかを問うとすれば、残念ながらそうではないことになろう。「この私」の単独性を理論の中に入れることをこれだけ鮮明に訴えかけた哲学者はこれまで柄谷以外には存在しなかった。そしてそのことじたいに私は共鳴する。だが柄谷はこれを商品交換を機軸とする第三の社会概念に過度に引き寄せすぎたアソシエーション社会のイメージに対応させようとしている。このために、自分では否定したはずの「混同」へふたたびひきもどされている。結果的に単独性はキルケゴール的単独性やシュティルナーの「唯一者」寄りに解釈された。しかし、マルクスがシュティルナーをサンチョ（小市民）と揶揄したのは小ブルジョア的なイデオロギーに立っているからであった。これは柄谷の第三の社会概念が商品社会論寄りに解釈されているということとなんらかの関係があるように見える。これにたいしてマルクスの言う個体性は、まさに普遍から切り離されたキルケゴール流の単独者やシュティルナー的唯一者とは正反対のものであったといわねばならない。私は、このようなズレが生じる根拠は労働の社会化のなかから出てくる「生産手段の共同使用」の問題を柄谷がふまえていないからではないかと考える。資本のもとで使用が共同的であることを生産手段の使い方の問題として考えていないからこそ、個体的所有の問題が具体化しないのではなかろうか。交換論は「飛躍」のイメージを喚起させるが、新しい社会にふさわしい生産管理能力の発展を見えなくさせてしまう。

第二に、ヘーゲルの概念論における一般性・特殊性・個別性という三項セットに抗して『ドイツ・イデオロギー』および『資本論』のマルクスは普遍性・特殊性・個体性というもう一つの概念セットを対置した。柄谷は、通説のようなカント―ヘーゲル―マルクスという三者関係を、ヘーゲルを外したカント―マルクスという二者関係へ直列化してしまった。しかし、マルクスの普遍性―個体性というターミノロジーは三者関係を掴まないでは必然性がわからないものである。カントが一般性と普遍性を区別するところへ近寄ったこと（パブリックの意味転換）は確かなことであるが、それがヘーゲルからマルクスへの近代批判の深化においてようやく個別と個体の区別をもたらしたのであって、カントにはまだこの区別の論理は欠けていた。柄谷は正当にも類と個、もしくは一般性と個別性という枠組みが社会科学の思考を根本的に制約していると批判的であった（『探求Ⅱ』）。資本や既成社会主義がひとりひとりの生命存在を大事にしてこなかったことに彼は気づき、単独者の概念を提示したのである。しかし、仮にカントの普遍性と個体性という二項対立に一定の意義をみとめるにしてもマルクスがただ二項対立を継承したというのはあまり意味がない。むしろマルクスが区別の上で二項対立を突破したところに大工業の役割（生産手段の共同占有）を発見したゆえんがあったというべきではなかろうか。

第三に、柄谷は、生産様式論から交換様式論へ転換するべきだという。これは、ここまで論じてきた普遍性―単独性という対概念と一定の関係を持つ。というのも特殊を媒介としない二項的区別が本来のマルクス＝カントの立場だという柄谷の解釈は、国家を媒介することなく、世界共和国へ単独者が結合するという未来図に親和的であるからだ。しかし、近代世界システムはどういう論理で世界共和国へ至ることができるであろうか。たとえば柄谷は日本国憲法第九条を国連に贈与することを提案している。交換のひとつの形態が贈与であるのだから、こうした範疇化は素晴らしいものである(26)。しかし、第九条の問題は生産様式論をもとにして考えることも可能である。この場合平和は軍需産業の止揚という問題に関わって扱われるはずである。平和とはさしあたりは贈与として始まるかもしれないが、その帰着するところは、軍縮や兵器廃絶の生産様式論へ仕上げられる必要があろう。そして、その場合にこそ、交換様式（贈与）論の有効な局面と生産様式論の切り開く局面とが関連づけられてしかるべきである。「この私」は何をなしうるかということがそこで明確になってくるのである。

しかし以上のようないくつかの難点があるとしても、柄谷が言う交換様式論はもともと『ドイツ・イデオロギー』の交通論に含まれていたものであった。「個体としての個体の世界交通」とは、自然と人間や人間同士の交通を世界的に制御する管理能力を前提にして成立する。このことを了解したうえであれば、交換様式論は生産様式論と共に生産的に結合できるのではなかろうか。つまり、何を誰のためにどれだけいつまでに作るのかという生産管理能力を共同でもつからこそ、必要なものと不要なものとを価値論的に意思決定する必要が生まれ、個体としての意志が相互性の中で重んじられる条件ができるのだ。

平和にかぎらず、広く交換様式論と生産様式論を事柄の問題局面ごとに接合するという可能性を追求することは、これからの未知の理論課題となってくる。資本のグローバル化とは世界＝経済の上に、各国民国家が資本の支配を局地的に総括して成り立っているということである。柄谷がよく言うように、経済格差、戦争、環境問題の中に我々は置かれている。それは世界＝経済の分業的編成の惰力のなかに各国家がまるごと抱え込まれて身動きがとれなくなっているからだ。柄谷は、この惰力を「買わない」というボイコットによって揺さぶり、是正するという戦略を立てている。面白い考え方である。しかし生産様式から国家をみるということは、生産されてしまったものを「買わない」という消極戦から始まるものであるにしても、けっきょくは「物資的生活の生産」を作ってゆくという積極戦へ転じていかざるをえまい。

総じて交換様式論は何が欲しかったのかを検証する場面の反省様式であり、消費者は生活財のうち何を有用さとみきわめるかについて自由に意見することができる。現代資本主義では部分的に「消費者ニーズの取り込み」は実現されつつある。しかし実現できないのは、消費者ニーズのフィードバックではなく、世界＝経済の労働者による共同管理である。生産様式が交換様式の根底にあるというのは、表面にふれるだけでなく、土台を構造的に転換する問いを生産様式が提出させるからなのである。

おわりに

柄谷は、冷戦崩壊後の左翼思想の「崩壊」の中で、カントとマルクスとを媒介させることによって、一種の「統制的理念」の救済とコミュニズムの再建論を行おうと試みた。それは個人を大切にするということを哲学的、社会科学的に深めることであった。私はそのかぎりでこの「反常識的」な試みに大いに魅力を感じる。

ようやく本質的な問題に手の届くすぐれた書き手が登場したのだ。

柄谷が単独性を導入した理由は、つまりは従来の未来社会論には個体性の単独者的次元が欠如しているという判断があったからである。これはおそらく平田清明が六〇年代に訴えたかったこととも一部重なるが、個のかけがえなさを強調する点で、啓蒙主義的「量的個人主義」を越えており、ロマン派の「質的個人主義」の傾きを感じさせる。

柄谷は、個別性を一般性へ吸収する傾向の強いヘーゲルを徹底して批判しなければならないと宣言するあまり、反ヘーゲル派の旗手、キルケゴールあるいはシュティルナーやサルトルに流れ着く「単独者」概念にマルクスを過剰に引き込んでいる。そして、カントが哲学的三批判でやったことはキルケゴールらのやろうとしたことの先取りであったと位置づけ、普遍者=単独者とは「世界市民社会の一員として在るということである」と論じた。

柄谷はカントの区別したものがいったんヘーゲルで消え去り、マルクスで復活したと考えているようだが、個体と個別者を区別する哲学史的な経緯からすれば、やはりカントからヘーゲルをへてマルクスに至るときにはじめてこの区別は掘り当てられたというべきであろう。その意味で、カントとマルクスの二者の関連づけによって、ヘーゲルを含めた三者関係からうまれたものを取り出すという試みは無謀であり、その狙いの一角は崩れてしまう。その結果、社会的な生産管理能力の発展にあまり関心を持たない交換様式論が登場してきた。

ヘーゲル批判から出てくるマルクスの個体論は、歴史貫通的な次元の生命的存在と共同体解体後の特殊歴史的な在り方の双方にかかわるものである。『ドイツ・イデオロギー』の「現実的な諸個体」は、歴史の前提におかれた社会成員の概念である。むしろん「諸個体」は、各歴史的な社会構成体ごとに特殊歴史的な現れ方をする。近代社会においては、諸個体はすべて個別者として現れる。

マルクスの優れた点は、柄谷の言うように個体(普遍)と個別者(一般性)をたんに対置するのではなく、個別者(私人)の運動法則から個体(普遍)形成の必然性を導出したところにある。しかも個体の形成過程は生産手段の共同使用をふまえた所有形態の転換であった。すなわち、個体的所有とは、生産手段にたいして労働者がどのようにアクセスできるのか、その使い方の転換を占有と所有の関係から問うものであった。

ところが、柄谷は生産様式論に代えて交換様式論をもってくる。すると、生産様式論の中で語られてきた個体論は理論上の占めるべき位置を失ってしまい、代わって、商品論的社会性のなかで多数体系的な単独者概念が柄谷の中で第一義的な重要性を占めることになる。

これでは、コミュニズムの登場の理論的根拠は非常に脆弱となってしまう。『ドイツ・イデオロギー』のマルクスは、いわば個別者を個別者で越えさせる。これこそが弁証法である。この結果、「個体としての個体の世界交通」が可能になる。それを理論的に展開するばあい、生産様式論を根底におき、表面に交換様式をおくのが適切であろう。「資本主義的生産様式が支配的に行われている社会の富は、一つの『巨大な商品の集まり』として現れ」るというのは、『資本論』冒頭の文章である。これは、たんにこの生産様式が商品を生むという意味ではなく、同時に生産様式の発展が商品交換を制御することを迫るようになるという意味でもあるはずだ。生産様式論と交換様式論は重層的に配置されるべきなのである。〈個体としての個体の世界交通〉を可能にする条件が個体的所有論であるならば、それは生産様式論＝資本蓄積論と深くかかわっているからだ。

　これにたいして柄谷の交換様式論が照らし出すのは、諸個体がもつ社会的な生産管理能力ではなく、そのときどきの交換諸様式間の「飛躍」である。「命がけの飛躍」は、単独者が登場するための不可欠の条件とされ、けっきょく、商品論的社会性が必要とされる。これは交換様式論を強調するあまり生産様式論＝資本蓄積論が軽視されたためではなかろうか。柄谷の交換様式論では人びとが互いに与えかつ受け取る際の「飛躍」が強調され、資本蓄積に対応して身につく社会管理能力の発展が見失われるのである。

　ヘーゲルとは異なるマルクスの弁証法の核心は、所有＝生産様式の転換（マルクス）に個体を位置づけた点にある。柄谷の交換様式論では、それはどう受け継がれるのか。このことは柄谷の交換様式論で解明されていない点である。個体概念が消えたのは、たんに言葉の問題ではなく、生産様式論に代えて交換様式論をもってきたことによるのであって、所有論がないところには個体論は無用になるのかもしれない。

　それにしても柄谷理論が強い照射を当てたのは、近代世界システムから世界共和国へ移行するという問題である。この際、「この私」を抱え込む民衆は何をなしうるであろうか。交換様式における単独者論にたつ柄谷にとって、多様な交換諸様式の多数体系性を「飛躍する」者という変革主体像が出てきた。変革主体は、故郷から異国に離れたときに異国を珍しがらず、かえって、故郷に帰った時に世界にあることに違和を感じる主体である。「実際の社会構成体は、こうした交換様式の複合として存在する[27]」からである。あるいは交換様式DはAを高次復権させるからである。

　では、生産様式における個体論にたつ「この私」にとってはどういう変革主体像がでてくるだろうか。それは生産手段の共同使用にもとづいて、社会的な意思決定に「個体的」に参加するような主体である。上から指図されるから働くのではなく、自らの個体性の言うところにしたがって働くような主体が形成される。いわば「この私」はたえず「われわれ」に出会い、あらがい、邂逅するのである。

　もちろん、アソシエーションは未来完了形のような形であらかじめ先取りすることのできるようなものではない。このかぎりで、柄谷にとってもわれわれにとっても課題は未知数なのである。

（注）

（1）柄谷行人［二〇〇二］『柄谷行人初期論文集』批評空間、一八三頁。

(2) 同、一八四頁。

(3) 柄谷と近しい問題を追求したのは戸坂潤の「一身上の問題」という設定である。戸坂は個人と自分を分け、「個人を如何に特殊化しても『自分』にはならぬ」と論じた。尾関周二編[二〇〇二]『戸坂潤　科学と文学の架橋』燈影社。

(4) 竹内真澄[二〇一二]「〈私人〉の発見」（『桃山学院大学社会学論集』第五四巻第二号）など一連の仕事を通じて私は、自由主義思想が法則的に私人と個体を混同する傾向があることを検証した。

(5) F・A・ハイエク西山千明訳[一九九二]『隷従への道』春秋社。

(6) 柄谷行人[二〇〇一]『トランスクリティーク　カントとマルクス』批評空間、六八、一四二頁。

(7) マルクス、エンゲルス、渋谷正編訳[一九九八]『ドイツ・イデオロギー』新日本出版社、一七八頁。ただし訳語は変更した。

(8) 同、渋谷訳一〇四〜一〇五頁、岩波文庫、古在訳六九頁。

(9) 柄谷[二〇〇一]、一五五頁。

(10) 柄谷[一九八九]『探求Ⅱ』、一〇頁。

(11) 柄谷[一九八九]、一七〜一九頁。

(12) 柄谷[二〇〇一]、一四五頁

(13) 柄谷[一九八九]、二三、三一頁、サルトル「単独的普遍者」松浪信三郎訳[一九六七]『生きるキルケゴール』人文書院、を参照。

(14) 柄谷[二〇〇一]、一四二頁。

(15) 同、一四五頁。

(16) 同、一五二頁。

(17) Karatani kojin,Transcritique,p.111、同、一六〇頁。

(18) K・マルクス[一九八一]『資本論草稿①』大月書店、二六頁。

(19) 柄谷前掲書英語版 p.105、一五二頁。

(20) それにもかかわらずカントが他の自由主義者と異なって世界市民社会に言及できたのはなぜか。それは、通常の自由主義者と異なって個別者の理性が傾向性（欲望）に対して優位（すなわち超越論的自由）にたつと期待したからだ。個別国家は国家の傾向性（侵略の欲望）をコントロールする理性にたつ可能性がありうるはずだと彼はみなしているのである。しかし、それは理性による私人の統制というジレンマを含んでいる。竹内真澄[二〇〇五]「カント市民社会論の私法的構成（1）（2）―倫理学と所有論のジレンマ―」『桃山学院大学社会学論集』第三八号第二号および第三九号第一号。

(21) カントについては『永遠平和のために』、ヘーゲルについては『法哲学』を参照。

(22) 「多数者はあらゆる現実的な生活内容をうばいさられて抽象的個体になってしまっている。しかもかれらはそのことによってはじめて、個体として互いに結合できるようにされるのである」（古在由重訳『ドイツ・イデオロギー』一〇二頁　ただし訳文を変更）この時点でマルクス（エンゲルス）は結合のブルジョア的形態とアソシエーション的形態の対照について、すでに気づいていたように思われる。

(23) 竹内真澄[二〇一〇]「使うことと持つこと」『市民科学通信』第九号。

(24) 柄谷、前掲書、一五三頁。

(25) 柄谷[一九八六]『探求Ⅰ』講談社、一〇一頁。

(26) 柄谷[二〇一五]『世界史の構造』岩波現代文庫、四八七頁、[二〇一四]『柄谷行人インタヴューズ 2002―2013』講談社文芸文庫、二一七頁。

(27) 柄谷[二〇一五]一五頁。

――特集　柄谷行人のまなざし――

世界共和国は実現可能なのか

――新書から学ぶ柄谷行人――

三宅　正伸

1．コロナウイルス感染は平等か

今回の新型コロナウイルス感染は世界レベルの政治的共同体、つまり世界共和国への道と考えられなくもありません。国民であることを意識した福祉国家への道とは、貧民である社会的弱者すら一人の国民としての国家への忠誠を強制される総力戦の国民国家形成の道でもあったのです。貧者や女性も戦争に駆り出されて、想像としての国家概念を鼓舞されることにより意味もなく命を落としたのです。国民国家間の総力戦によって、国家の存在理由は貴重な犠牲とともに意識されたことになります。その意味からすれば今回の新型コロナに対する防衛は、国境を越えて新型コロナウイルスに打ち勝たねばならないことを自覚することとなっています。もちろん、ワクチンや特効薬が発明されたならば、自国民優先もしくは開発への多額の投資を受け入れた自国以外の他国優先となることは明らかです。しかしながら、その病気を根絶するため、さらに新たな病原菌への防御には人為的な国境を越えた防衛が必要となることも明らかです。まったくの鎖国などが考えられない今日において、ヨーロッパ共同体のようなものが世界的に広がる可能性を否定できないところに、新型コロナウイルス感染は世界的に広がっています。仮に日本のみがウイルス問題を解決したとしても、完全な鎖国でない限りにおいて新たな問題が他国より持ち込まれます。つまり、今回の新型コロナウイルス感染は世界レベルの問題なのです。そこには日本人も中国人も、ロシア人もアメリカ人もないと考えられます。

国家とは領土、国民、課税権によって成立すると考えます。その中でも国家の有する主権とは、大衆から財産を収奪する合法的な権利と称する徴税なる暴力行使が重要なところです。世界を震撼に至らしめた「イスラム国（ＩＳ）」も、この課税権の行使なくしては領土と国民を安堵することはできずに国家としては消滅しようとしています。つまり、国民と称せられる民が強制的な自発性によって、その国のために申告して税を納めるかにかかっているものと考えられます。税を払った者からの期待は自らの生命と財産を守ってくれるかの国家との社会契約といえます。そのためには国家暴力を行使する官憲の存在を認めなくてはなりませんし、人間的な自由が束縛されることに消極的にしても同意しなければなりません。しかしながら、自らの生命が万が一の際に救急車も来ないような国に納税する気にはならないでしょう。されど、救急車が来ないもしくは来たとしても有料の国であっても、税は強制力を有して徴収される訳です。しかしながら、このことに抵抗することは生殺与奪権を有する国家への命を賭した死ぬ気での覚悟が必要です。そのように国民を追い詰めないようにするための国家による一連の制度は、ある種の社会契約としての福祉において、所得の再分配が行なわれていると認められます。民主的と言われる選挙制度があり、その一票との引き換えに独裁者や官僚の決定した戦争に派兵される可能性も生じるのです。そのための集団に馴染む同調圧力の国民教育が現在においてもなされていると考えられます。

国家による所得の再分配による「分配的正義」よりも交換様式による「交換的正義」を貫くことができるならば、各国家は消滅して民が主権者である世界的国家が誕生するはずです。ここでの交換に一部の者だけに有利な格差が生じるようでは「世界共和国」でなくて「世界帝国」です。国家の制定する法と言う暴力に強制的に従うのでなく、強制力のない互酬や贈与での「助け合い」や「分かち合い」が世界的規模でできるならば、友愛に基づく「世界共和国」となるはずです。されど、この自由、平等、友愛の理想の国は友愛の精神がナショナリズムを喚起することも考えておかなくてはなりません。つまり、国家の名の下にその国家に貢献する者だけが国民であるとする「世界共和国」とは程遠いファシズム国家を生む矛盾に突き当たるのです。さらに、国家は国民意識のない「非国民」に対しては、国家暴力によって弾圧することも可能となります。さらに厄介なことは、その権力を国民による選挙という「民主的」な方法によって奪取したという権力の正当性を主張します。ここでの政治的独裁は王権などといった正統性よりも選挙での正当性なのです。議会主義による民主主義とは危ないものなのです。また、自由な商品交換による競争の果ては不平等を生みます。さらに、所得の再分配を国家権力によって強制的に行なおうとすれば、一旦は不自由な社会を認めざるを得ないことになります。自由で民主的な友愛に基づく共生地域社会構築とは至難の技なのです。その地域社会においても国家の監視機構が入り込みます。商品交換の自由と再分配による平等、さらに友愛による互酬のバランスが「世界共和国」を形成するはずなのですが、現実に存在する姿は万人による奪い合いを誰かに味方をして防止しているだけの国家なのです。それゆえに市民的な出口が必要と考えるのです。

このように地域の連携が何らかの主権に基づく国家を形成すると考えられますが、その連携が世界的に広まれば政治共同体としての「世界共和国」といえます。これは国家によってなされた地域での監視機構への抵抗でもあります。世界のどこかでそのような市民の動きが国家レベルまでに達すれば、その国家自身の「正当」な権利によって暴力的に弾圧される可能性があります。さらに、他の国が自国の国益に適うために何らかの干渉してくることは必至です。「世界共和国」とは理想であって現実に無理なのでしょうか。しかしながら、どの場所にも存在していないかもしれませんが、意味としては存在していると考えることできます。たとえば、中国とインドの全国民がそのような意味を考え始めたならば、世界の三分の一の市民が自律的な連携に参与したことになるのです。現存の国家転覆を実行するのでなくても、意味を考えることにおいての連携で世界同時進行の可能性を認めることができるのです。今回の新型コロナウイルス感染防止に対する取り組みが、自由で主体的な市民の手によって自治的になされるならば、「世界共和国」に一歩近づいたことになります。しかしながら、現実には国家の呼びかける自粛策に連動した「自粛警察」という結果に陥ることになっています。このように意味を考えることは、世界的には現実に生じている香港における市民活動への連帯感によって広範になる可能性もあります。それは決して非現実的なことではないと考えられます。台湾における民主主義によるウイルス封じ込めと、中国における権威主義におけるそれとでは、いずれにしても国家の存在を意識せざるを得ない出来事なのです。されど、市民が抱く危機感は共通ですが、それを国家が利用しようとする邪な考えが見え隠れします。

また、副題を「新書から学ぶ柄谷行人」としましたのは、難解な柄谷行人の著作の中でも、筆者のような特別に柄谷行人を研究しようとする者でなくても、つまり一般的な市民レベルの読者にも理解しやすくエッセンスを述べている『世界共和国へ』と『憲法の無意識』の二冊の岩波新書に影響を受けたからです。本稿は決して柄谷行人の諸説の解説ではないことをお断りしておきます。また、それゆえに引用での解説は省いています。さらに、必読の書である『トランスクリティーク』と『世界史の構造』は一読しても分からずに、二回読んではさらに分からなくなる本でありますが、今も懲りずに挑戦はしていることを弁明としておきます。

2. 世界帝国とは何か

国家やネーション（共同体）という観念的なものを上部構造として、それが下部構造を形成する経済である資本の生産様式で規定されるとするならば、国家やネーションは資本を握る権力者の手段となってしまいます。つまり、国家間や共同体間の相違は経済発展の相違に過ぎないということになる訳です。自給自足的な共同体内における労役などの貸し借りは、共同体間では商品となって交換価値を有することとなります。これは質から量への転化と考えらます。そうではなくて互酬・再分配・商品の交換様式にて共同体・国家・資本が友愛・平等・自由の鎖で固まっており、いずれのひとつも欠くことのできないボロメオの環であって、これの出口である「世界共和国」への道はアソシエーションにあるとしたのが柄谷行人の基本的なコンセプトではないでしょうか。

もちろん、これは暴力革命などで樹立する世界政府のことではありません。また、生産様式よりも交換様式に注目した見方は、資本家や労働者といった階級的な考え方を超えているとも考えらます。ここで言う交換とは交易のみならず人間関係にも及ぶものです。そこで歴史的に資本主義の矛盾の解決を社会主義に求めることは正しいとしても、それぞれの交換様式の強弱によって変動しつつも永遠平和のための「世界市民」「世界共和国」に歩みを進めていると考えることは、数ある日本の思想家の中でも柄谷行人は未来を自覚した事例で述べられる卓越した稀有な思想家であると言えます。国家の消滅以前に国民の心に永遠平和の思いと、具体的な言動が国家の弾圧に屈せずに生じるのです。そこで現在はどのような道筋を辿ってきたのであろうかと言うことになります。

覇権（ヘゲモニー）国家としての考えがあります。第二次世界大戦後に世界の覇権を握ったのは自国が戦場になることを免れたアメリカです。そのイデオロギー的対抗国家としてのソ連が存在していることによって、その覇権は絶対的なものであるところのアメリカ帝国主義と称されていました。その中でそのソ連が一九九一年一二月に突如として崩壊しました。この社会主義国家としての歴史の壮大な実験は、まさに「歴史の終焉」を思わせるものでもありました。イデオロギー的ライバルの覇権国家ソ連に対して、アメリカは社会主義への対抗としての資本主義延命である福祉国家建設の大義名分を失い、新自由主義の台頭によって世界を混乱に落とし入れました。西側自由主義陣営と言われた日本を含む国家は徹底したアメリカ追従依存への踏み絵を試されたのです。新自由主義とは新しい自由主義ではなく、アメリカンスタンダードのグローバリズムを甘受することへの主義主張めいたものです。東側共産主義陣営と言われた国家は教条主義的独裁の国家社会主義体制が国民からの反乱により崩壊していき、それによる混乱は現在も収まったとはいえません。その点ではムッソリーニもヒトラーも、さらにスターリンも毛沢東も国家社会主義的覇権を求めたのであって、恒久平和の世界を構想したとはいえません。ただし、日本の大正デモクラシーから軍国主義に至る国家社会主義の過程では、欧州と相違して資本によるパターナリズムの経営家族主義に埋没してしまったために、階級的な労働組合運動の攻勢が見られないことも、天皇制国家主義との関係が指摘できます。また、伝統的な地域金融を担う無尽会社ですら、地域からの発展である地域の相互扶助と言われる「講」組織かしての中央に資金を吸い上げる組織であることを求められたのです。

それでは帝国と帝国主義はどう違うのでしょうか。帝国は国家による交換様式である収奪と再分配、さらに資本による貨幣と商品の関係が強まれば、「世界共和国」への道筋として出現する現象であると考えられます。特に後者は領土拡張でなく世界的に経済を支配する経済的帝国主義国家を生むこととなりました。帝国は他民族を統治しての支配従属の関係において一時の平和を実現しますが、帝国主義にはそのような原理は働かない収奪のみです。強大国間で植民地としての領土分割可能な局面においては、その帝国主義とはその力を持って領土獲得のための植民地で、収奪を繰り返す侵略行為により平和を潰すことになってしまいました。現代においてはそのようなハードパワーとしての暴力である軍事力によっての領土拡大は、それ相当の犠牲を伴うことで隠蔽されています。それがゆえに、領土分割が伴わなくても経済力を持って支配服従の関係を強いることの帝国主義が、ソフトパワーとしての巧妙な手段によっての世界支配を通じて、自国利益だけの覇権国家を形成しています。ここが覇権国家としてのパックスアメリカーナと、「アメリカファースト」を叫びつつ支配抑圧を強いるアメリカ帝国主義の違いと認めることができるでしょう。逆説的に述べますと、アメリカでさえ世界支配が困難になっている現実なのです。覇権国家は対象国や国民の生命の安全、交易の保証を兼ねた国際秩序ですが、自国利益のための世界支配は銃弾が自国に到達しないような弾除けを対象国に強いるものです。太平洋の両岸を地政学的に考えますと、アメリカに銃弾を向けている国家が中国や北朝鮮であって、アメリカのための弾除けの盾にされているのが日本であるといえます。

日本の互酬的交換の村落共同体は、「ユイ」制度に代表される自然的隣保互助の運命共同体でもあります。そこでの国家の成立が社会契約的に生命の安全を意味したとは言いがたいと考えられます。しかしながら、共同体と共同体との争いに対しては上からの規範的制約が意味のあるところで、その意味では国家とは共同体と共同体の連携の限界までの拡大であるとも考えられます。また、他の国家からの略奪に関しても防衛の役割も存します。この国民国家概念においては母語ではなく共通の母国語が意味を有します。一言で言えば、軍組織における号令が複数の言語では不具合が生じるために、定められた母国語による教育が必要となる訳です。これは「読み、書き、算盤」と言われるように、経済的効率化を目指す産業組織に関しても産業兵士育成のためには共通なところであります。近代化が前近代的と言われる互酬の運命共同体を破壊してくれたので、その後をどうするかが大きな問題となっています。国民国家においては委細構わず大衆からの収奪と再分配を推し進めます。それが国家形成の原理であるからです。それでは互酬原理は完全に払拭されたかと言えば、そうとは言えません。為政者はいわゆる「パンとサーカス」の愚民政策によって国民の反乱を抑えて支持を得なくてはならないため、強力な中央集権国家構築の手段として、中央に忠誠を示す共同体を温存させようとします。都市部においても隣組と称する不自由な互酬組織が現在でも残存するところが見受けられるところです。

共同体における贈与と返礼、国家レベルでの収奪と再分配は交換の様式であることに疑う余地はありません。そこに資本による貨幣と商品の経済が入り込むのですが、共同体においては必ずしも交換比率は経済原則である「一物一価」ではありません。共同体における「顔なじみ」の客には商品を贈与することすら起こりうるのです。決して次回の購入を期待しての先行投資でもありません。これは資本によっても切り崩せるところでなく、むしろ資本や国家が「顔なじみ」と呼ぶところの社会関係資本を支配のために利用しようとすることが警戒です。権力を有する彼らが「地域の絆」を主張するときには懐疑的に受け取る必要があります。そもそも貨幣とは国家の信用においての物神性を有して流通するもので、貴金属の含有量よりも商品と交換できるための信用にあります。貨幣は商品と交換できますが、商品は必ずしも貨幣と交換できるとは限りません。されど前者においても、信用のない自国貨幣よりも他国の貨幣のほうが強いと表現する意味合いは、国家が自国貨幣のみを法的に通用させても強い貨幣との交換レートが成り立つことに顕著に現れます。貨幣が人を作ったのではなく、あくまでも人が貨幣を作って神と崇めたのです。

国家間の交易を前提に考えますと、軍事的に優勢な国家の恣意性がまかり通りますし、軍事力よりも経済力の強弱が、つまり貨幣に対する信用の度合いによって支配的な基軸通貨が決定されます。この交易と収奪によって資本蓄積がなされ、資本家によって自己増殖が図られます。されど、この資本家さえもブルジョア的殻によってその悪行が隠蔽されており、労働者からの階級的な敵視を免れているのが現代であります。しかしながら、貨幣の印刷を繰り返して過剰に流通させる国家は、帝国であっても帝国主義にはなりえないのが現代です。そんなことよりも国家や共同体にないような「倫理」である新しい交換様式のアソシエーションが重要になって、宗教でない宗教が普遍性を有することとなります。これは決して「金儲け教」ではありません。貨幣の前に自由平等が経済的発展を生む原則でありますが、それを乗り越えたところに「世界共和国」を垣間見ることができるのです。この「世界共和国」は何処にもありませんが、考え方として存在していることは間違いないと考えます。つまり、人間の評価を貨幣の蓄積量で行なう社会とは逆の世界であるはずです。それは「金持ち」でなくて「人持ち」の社会とも言い換えることが可能です。また、それは従前の共同体や国家への反抗でありますし、キリスト教やイスラム教、仏教やあらゆる新興宗教を超える「アソシエーション教」であると考えられます。かつての共産主義はそれを目指したのかもしれませんが、似ても似つかない個人崇拝の国家社会主義に姿を変えました。地域主権によるアナーキーな社会には国家は入り込めないはずであったにもかかわらずに、強制されたボランティア性による不自由な経済活動の国家を生んだのです。異質な価値観を有する他者のことを認めることによって永遠平和に近づくのですが、その前に人間性も奪うような経済という問題に直面するのです。つまり、人間同士の関係性において、貨幣が介入するのが現代社会の特徴でもありますから間違いのないところです。そこで、経済的には正しくとも人間的には正しくないこともあることを考えなくてはならない課題に直面します。

3．世界帝国から世界経済

近代の特徴としての世界帝国は領土的に世界を網羅した「日の沈まぬ国」としての帝国ではなく、あくまでも概念上の呼称です。現代におけるグローバリゼーションも経済を一国単位で考えることが不可能となった概念で、「アメリカファースト」のグローバリズムとは分けて考える必要があります。そもそも国家とは他国にその主権を認められて存在するもので、たとえば内乱によって政権樹立しても他国の承認がなされないと、領土・国民・課税権も安堵されたとは言えません。他国の承認があったならば、他国による介入を内政干渉として退ける大義名分が成り立つのです。そのような国家は自国民によって選ばれた正当な政府と主張しますが、国民がそのように考えているのかとは別問題です。逆の言い方をすれば、チリの国民に選ばれた政府であるアジェンデ政権をクーデターによって政府転覆を図った一九七三年のピノチェト政権は、強大国である他国が承認してもその正当性を認められるかの問題が生じます。この例においても国家という観念的な上部構造が、経済という下部構造によって規定されるとは言いがたいのです。

国家による暴力によって分断された国民が、暴力独占した者に服従することを正当な「社会契約」といえるのでしょうか。確かに国家権力によって、敵対的な復讐的暴力の互酬を抑止することは可能ですが、これが支配者と被支配者との「社会契約」と考えるには無理があるように思えます。また、暴力の独占といった理不尽なことが許されるのは経済の力を源泉としているからなのでしょうか。つまり、資本家がその階級性を隠蔽して資本蓄積ができる金儲けの容易な社会を作り出すために、国民はそれとは知らずに国家に服従しているだけなのでしょうか。否、国民は国家官僚の決定したことを自らの選択として強要されているだけに過ぎないと考えます。資本による労働は奴隷による強制労働ではなく、自由な労働者による選択であることは間違いないところです。しかしながら、労働力しか市場で売れる商品として認められない賃労働の関係においては、生産過程においては労働者、流通過程では消費者とならざるを得なかったと考えられます。言い換えれば、労働者としての自由を売って、他の労働者の自由を奪っているだけなのです。まさに、ベールで隠された奴隷制といえます。さらに、自らの労働によって生産された商品をその賃金によって買わされることをどう考えるかです。その点においてはケインズ主義も単なる資本主義の延命にすぎないといえます。さらに、選挙によって選ばれた者によって、国家暴力の独占者が生まれることへの抵抗が抑圧され、「民主的」に多数を占めたことによる独裁が強まっていく傾向にどう対処するかが、大問題なのです。

労働の分割と統合が資本家の指揮の下で進められ、生産力は飛躍的に伸びることを産業資本主義と称します。フォーディズムによって大量生産大量消費、さらに高能率高賃金がもたらされました。一部の王侯貴族のために奢侈品を作らされているという不満は現代では当てはまりません。生活必需品の充実によって、かつての王侯貴族すら味わえなかった生活を労働者は獲得したのです。そのような物質的に豊かな社会が、経済を前提とする歴史の到達点であるのかということには疑問が生じます。果たして歴史はこの時点で終わってしまうのでしょうか。また、産業資本主義は貨幣を介在した合意に基づく生産様式ですが、貨幣の介入しない交換様式とは単なるノスタルジアなのでしょうか。自然との代謝作用としての人為的な生産、さらに使用価値の伴う労働は苦役ではないはずです。苦役の源泉は自らの労働によって生産した商品を、支払われた賃金によって買い戻す消費の過程における矛盾にあります。そこで、労働力とは労働者個人に属する商品なのかという疑問に突き当たります。ここにおいて私有でなくて共有の概念が生じる訳です。労働力商品としての人間は人間であって人間ではありません。なぜならば、人間と人間の関係性から切断されてアトム化されたための私有と考えられるからです。それでも資本は自己増殖の命題を担うために自然を破壊して人間としての生活を否定することになります。そこに国家社会主義の亡霊が出現します。また、資本を自己増殖させる資本側の合理性は人間の理性とはいえません。経済合理性があっても人としての理性を感じさせられない法則的行動なのです。社会的に合意が得られないような金儲けが横行しているのが、現代の世界経済の現状です。たとえば、使用価値とは質の問題であり、それに対する交換価値とは量の問題であって、世界経済的には質が問われているのにも関わらず、新自由主義的には量的な仮想での空間的移動だけで貨幣的増殖が可能な詐欺的行為が犯罪とは認定されていません。このような非人格的詐欺経済においては、まだ、古典的な金融論における利子を時間的差異によっての増殖する考えの実践と考えるほうが、良心的なようにも感じられます。金儲けに貢献するために金融工学なるものを研究することは、社会科学者としての矜持の問題です。

国民国家とはネーションとステートの結合で、概念としての世界帝国の解体によって鮮明になります。これに資本が結合して世界経済と言う概念が生まれます。つまり、世界帝国があって世界経済なのです。アジアに目を向けて見ると、中国は毛沢東の国である「毛民」を否定することによって「国民」が生じ、帝国としての覇権国家の道を歩むのです。日本に関しても天皇の臣民では国民とは言えません。中国は国家社会主義を否定しつつ、強権的な修正資本主義の道に達しましたが、その延命である福祉国家とはなりえていません。それでも社会主義国家を標榜しています。同様に日本は国家社会主義を否定しつつ、強権的な非国民意識を作り出す国民社会主義の道に回帰しつつある体たらくです。現在生じている「自粛警察」がまさにそれであるといえます。特に、日本はネーションよりもステートに比重がかかりつつある危険な状況です。つまり、自由・平等・友愛の何らかのものが欠落していてボロメオの環とはなっていない危ういバランスが、中国と日本の現実であるといえます。強いて言うならば、むしろ日本のほうが社会主義的に強固なボロメオの環が維持されており、次なる成長のための出口を求めているとも言えなくもありませんが、一九九〇年代に世界の覇権を失ったアメリカが、中国に対抗する同盟国としてそれを許さないのも現実です。日本はアメリカに対しての軍事的戦争に負けたことによって、経済的競争には勝利したときがあったはずなのです。そのときこそが振り返って見ますと、名実とも憲法第九条に基づいての軍事力を放棄しての「世界共和国」への道へのチャンスであったと考えます。

自由と平等は民主主義においては親和性が薄いと考えられます。国家として自由にすれば平等でなくなりますし、民主的な平等を求めれば不自由にならざるを得ません。そこで友愛が個々の共同性においての接着剤の役割を果たすのです。国家を単位として考えればナショナリズムを喚起しますし、友愛による共同体の連携での国家とはナショナリズムによっての結合と考えることも可能なのです。ナショナリズムを敵視することはないのですが、単なる布切れである国旗と称するものに一礼をする行為を強制することなどは常軌を逸しています。何らかのことによって踏み絵をしなければならないことこそが、自由も平等も失うのです。そこで友愛とは職人的労働者のアソシエーションの表現であって、現代でもフリーメイソンとしての想像の世界を形成しています。これは産業社会主義と名称を変えてもナショナリズムに落ち着くこととなります。領土問題などはその典型で、自国の国益を守るとして軍事力を拡張します。そこでは他国への侵略さえも、「自存、自衛」の防衛戦争となります。戦争を前提としての経済的投資などは、友愛を否定する方向であると断言できます。

ここで国家や共同体の拘束を斥けたところでのアソシエーションは可能であるかの問題に突き当たります。ここで言うアソシエーションとは帝国構造や経済構造を超えたところに存在する互酬の高次復活です。アソシエーションと呼ばれる強制力の伴わない自由な互酬とは、相手の返礼の力量を超えた贈与で支配することと次元の相違するものといえます。また、貨幣の蓄積量にて人間を評価する資本主義社会の否定でもあります。その根拠である国家はなくなるはずですが、アナーキーな社会であってもマネジメントする機構が必要なことは言うまでもないことです。それゆえに国家社会主義の出現を招く危険性もあるといえます。レーニンがスターリンになってしまう危険性です。地域の都市コミューンの連携による国家の消滅は、「上から」押さえ込む発想がある限りありえません。それが上から「黙れ」と言うのと「叫べ」と言うのでは、どちらも変わりのないプロパガンダです。あくまでも合意形成は下からのものでなくてはなりません。そんなことはあり得ない理想と否定するならば、「世界共和国」も想像ではなくて空想で終わってしまうこととなるのです。

現代人は危険な状態を脱して安全を確保するために、何らかの組織に所属して安定を図ろうとします。国家とはそれらの定住民を支配する国民国家としての最大の組織ともいえます。しかしながら、組織の大小に関わらずに、所属はしているが従属はしていないとの考えが存在しないと、「世界共和国」の道は程遠くなります。日米同盟・経済大国・平和主義の三位一体による経済ナショナリズムの道での安定はすでに望むべくもない状況です。なぜならば、かつての社会主義の対抗軸である社会民主主義は経済ダーウィニズムにおける新自由主義に取って代わられているからです。ここでのアメリカによるグローバリズムにおいては、国民国家の入り込む余地の少ない経済帝国主義の世界です。そのような今日こそが、国家をまたぐ倫理、宗教でない普遍宗教を必要としているのですが、政治的に国民に国家による暴力を認めさせようとする権力ですら、世界的な経済ダーウィニズムの秩序に抗しようもない状況です。ここでは日本の考えの以前に、アメリカの考えを世界共通にしようとする意図が働いています。さらに、この経済ダーウィニズムは自然を破壊してまでも、資本自らの生存のための適地を作っています。すでに資本は生身の人間から遊離していますが、ここでこそ所属はしているが従属はしていないという地域主権の共同体的友愛が必要なのではないかと思われます。国家は存在しているが、想像の範囲での広がりです。その想像を拡張していくならば、現実に存在していない「世界共和国」も人々の友愛の中に存在しているのです。それは断じて世界の人たちをアメリカ国民として同化させることとは違っているのです。また、このことを空想に終わらせてはならないのです。

4. 世界共和国

強い軍事力と貨幣による経済力は、他国のことに強権的に介入することのできる覇権的な集権国家を生みました。その強大国の周辺に位置する国は領土、国民、課税権にも干渉を受けることとなり、強大国の保護領である属国の様相を示します。しかしながら、その周辺の周辺である国は地政学的利点を生かして独自の文化を育むことも可能でした。ユーラシア大陸の西端と東端がイギリスと日本です。ところが、交通や通信手段の発達した現代においては、鎖国によって独自の道を歩むことなどは国際秩序を乱すとして他国の干渉を受けることになります。すでに自給自足の経済などはあり得ないのですが、いまだに例外的国家は現代でこそ存在します。経済を前提にブロックが生まれ、そこでの支配的な基軸通貨となりうる国となれば、まさに覇権国家です。そうならないためにはユーロのような共通通貨を定めることが先決ですが、そのブロック内での経済大国が覇権を強めることでは自国通貨を基軸通貨にしたことと変わりはないこととなります。そうなると世界に覇権を示す強大国により世界は統一されるのでしょうか。それは各国が主権を放棄することによって国家間の敵対行為も消滅する「世界共和国」とは程遠い支配従属関係での統一といえます。なぜならば、強大国が衰退することによって領土、国民、課税権の争いが再燃する一時的平和な状態に過ぎないからです。そうではなくて、敵対的な感情が二度と生じることのない市民的連帯に期待せざるを得ないのが偽らざる心境です。

そのように主張したとしても「世界共和国」は現実にはどこにも存在しません。しかし概念上の存在を認めたならば、世界人民が共和的に連帯することは可能となり、意味のあることであると考えられます。共和とは文字通り「共に和する」ことですが、正統でない僭主制の対極にあるものと考えられます。それぞれの市民が自助＝商品交換＝自由、公助＝再分配＝平等、共助＝互酬＝友愛で絡まり合う世界の創造を目指すのです。自由な競争を認めれば貨幣の蓄積量に不平等が生じます。貨幣を蓄積できない者は努力が足りないという自己責任論の新自由主義に陥ります。平等を徹底すれば欲望を満たすことに制約が必要な不自由が生じます。そして、勤勉と欲望が二律背反しない精神主義に陥る可能性が高いと考えます。その潤滑油として登場するのが友愛ですが、このような頼りないものは状況変化に溶解して消滅するどころか、ナショナリズムに転化することも想定内であると考えられます。これらのことが自律した市民意識によって乗り越えられる市民中心の社会を創造できたならば、世界に国家は存在していても概念上の市民連帯が可能であるアソシエーションが構築される訳です。それこそが「世界共和国」ではないかと考えるのです。

ここまで論を進めてくると、日本の天皇制についても触れておかなくてはなりません。日本を二度とアメリカに歯向かうような国にしてはならないとのGHQの考えにおいては、日本国憲法第一条の天皇制と第九条の戦争放棄はセットになっているとの見方も可能です。総力戦による惨めな敗北をかみしめた日本国民にとっては、その当時としては合意形成できるところであったと思われます。日本の歴史においてのほとんどの時代における天皇、つまり皇帝は天から命じられた唯一の存在で、形式的に徳治によって国民に慕われる存在とされていました。それに対して政治を担う将軍や関白は実質的な国王であって、法治を貫徹しなければならない存在でした。つまり、政などは下々の者が行うことだったのです。それを日本の近代化と称せられる明治維新において、その形式と実質が結合した結果が破滅的な戦争に導きました。第二次世界大戦後、憲法を守る立場における全体への奉仕者とされたのは一般の公務員だけでなく、天皇も制度的にはその例外ではなかったといえます。天皇家が一般国民と同じようなマイホームの考えを強調されるようになると、皇后の存在も無視できるものではないと考えられます。しかしながら、一般公務員には「世界共和国」的な政治的発言は許されますが、天皇や皇后には基本的人権な関与は許されないと考えられます。天皇や皇后に基本的人権が認められて選挙権が付与されるならば話は別なのですが、その時点での現在の天皇制の存続もありえないこととなります。つまり、ここでの天皇制は世界市民的な道徳の必要な「世界共和国」の考えとは矛盾が生じるといわざるを得ません。むしろ、現在の天皇制が天皇制国家主義に政治利用される危険性が増しているとも考えられます。そうなると、他国との敵対行為を利用しての排外的国家主義の亡霊が目を覚ますのです。現在の日本国憲法はそのままにしておいて、「家元」としての基本的人権も認められた天皇の存在などは考えることは許されないのでしょうか。憲法に定められた国事行為などといいますが、天皇自らがすべてに出席して定められたコメントを述べるような非人間的なことから解放されるべきと考えます。少なくとも、政治都市である東京にての護衛つきでの存在は、存在自体が尊いとの発想による政治利用の危険と背中合わせとも考えます。

また、どうしても今回のコロナ禍には触れないわけにはいきません。このコロナウイルスの発生は中国の武漢市であると言われています。この事実は間違いのないところですが、世界中に広がったのはグローバリゼーションのためであることにも間違いはありません。と言うことは、これからも平和であっても感染症とのいたちごっことなるのでしょう。ここが一世紀前のスペイン風邪が戦争によって広がったことと相違するところです。また、この昨今のグローバル化はアメリカ標準のグローバリズムと相違して、非難して防げるものではないと考えます。そこで各国が人の往来をシャットアウトして反グローバル化になるかと言えば、断じてそうはならないでしょう。物に対して「鎖国」を貫徹するならば、日本のような「持たざる国」は枯れてしまうのです。さらに、マネーに関してもボーダーレスに移動しています。それがゆえに金持ちの国々はワクチンや治療薬、さらに医療資源の争奪戦を繰り広げています。たとえば、日本がウイルス感染をゼロにしたとしても、グローバリゼーションによって必ず変異したウイルスが国内に持ち込まれる危険性を否定できません。そうなると、グローバリゼーションに対応したグローバル化した感染防止策が必要とならざるを得ません。それがためには現在のＷＨＯ以上の権限を有する組織が必要で、その財源である「世界税」課税権も視野に入ってきます。このことが現在の資本主義を規制することも十分考えられ、「世界共和国」に一歩近づくことにもなると思われる証拠としてあげておきます。少なくとも、今回のコロナ禍では国内での惨事に乗じた金儲けのショック・ドクトリンを実行したならば、世界的批判の的になることは確実と思えるのです。つまり、グローバル化した考えにウエイトをおくことが、世界市民概念を育成することも可能なのです。このことは世界を相手に金儲けをしようとするグローバリズムとは相違します。

貨幣を前提にした資本主義もはじめがあれば終わりがあります。この終わりの次は人を前提にした人間主義と考えられますが、この資本主義と人間主義のせめぎ合いは当分続くと思われます。

ウィズ・コロナとかアフター・コロナと言われていますが、これが資本主義の終わりのはじめなのかも知れません。資本主義の中での人間主義と考えられる福祉、医療、教育分野での密閉空間、密接場面、密集場所における寄り添ってのマスクを外しての濃厚接触の人間関係構築は復活すると考えられます。少なくとも、オンライン飲み会などというような馬鹿げたイベントは定着しないと考えます。物理的距離は保ちながら社会的距離を縮めるような理論を社会科学者として考えなくてはなりません。しかしながら、いわゆる資本側は職務的に仕事を進めれば、そんなに非現業の労働者が要らないことに気がついたのです。労働者のクラフト的、人間的側面を捨象できれば、人員削減可能との資本主義における合理化で、かつての分業に匹敵する重大なフェーズに直面することになると考えます。前述の福祉、医療、教育分野すらもリモートが定着するかもしれない有様です。現在のところは犠牲者が出るかもしれないといった緊急非常事態との認識で思考停止でありますが、家庭に賃労働が無条件に入り込むことに労働者が拒否をすることは階級的な反合闘争とも考えられます。これらの資本主義的合理化に対する人間主義に基づく国境を越えた市民連帯が、「世界共和国」への入り口になるかも知れないと考えるのです。同時にこれは、共同体・国家・資本による友愛・平等・自由のボロメオの環からの出口かもしれないと考えることも可能です。その証拠として、覇権国家としてのアメリカはかつては「世界の憲兵」と言われていましたが、建国以来、一度も他国による支配や戦禍による荒廃を経験していなかったところからの思い上がった発想と考えられます。ところが、今回の新型コロナウイルスに対しては為す術もなく世界最多の二〇万人を突破する犠牲者を出しています。マスクをしないトランプ大統領は、すべて同じく覇権国家であるとみられている中国の責任と、一年後のWHO脱退を表明していますが、形勢の芳しくない大統領選挙のためのパーフォーマンスとの虚しい雰囲気が漂っています。「アメリカファースト」の力を持ってワクチンや特効薬を開発し、さらに富を蓄積して資本とするようなことは、望みとして一時的には可能ですが、この一国主義の貫徹では世界的問題の解決には至りません。これこそが、「世界共和国」の発想でないと解決しない難問題なのです。戦後、日米同盟による吉田茂流の親米・経済大国・軽武装の三位一体は、日本の現状を考えるとあらゆる意味から崩れていってます。ここで何としても人類史は国家間の戦争を経て、覇権主義を超える「世界共和国」への道に向っているとの強固な確信が必要なのです。知能は機械に負けても知性では負けない気持ちを奮い立たせて、機械を使いこなすことによって、人間には必要でない機械は作らない勇気がアフター・コロナでは求められているのではないでしょうか。

〈参考文献〉

・ベネディクト・アンダーソン[一九八三]『想像の共同体』(白石さや・白石隆訳、NTT出版、一九九七年)
・ウォーラーステイン[二〇〇三]『脱商品化の時代』(山下範久訳、藤原書店、二〇〇四年)
・ウォーラーステイン[二〇〇四]『入門世界システム分析』(山下範

久訳、藤原書店、二〇〇六年）
・カント［一七八四］『啓蒙とは何か』（篠田英雄訳、岩波書店、一九五〇年）
・カント［一七九五］『永遠平和のために』（宇都宮芳明訳、岩波書店、一九八五年）
・ジャレド・ダイアモンド［二〇一九］『危機と人類　上・下』（小川敏子・川上純子訳、日本経済新聞出版会、二〇一九年）
・ジョン・ダワー［一九七九］『吉田茂とその時代　上・下』（大窪愿二訳、中央公論新社、一九九一年）
・A・トクヴィル［一八三五］『アメリカの民主政治　上・中・下』（井伊玄太郎監訳、講談社、一九八七年）
・アントニオ・ネグリ、マイケル・ハート［二〇〇〇］『帝国』（水島一憲訳、以文社、二〇〇三年）
・アントニオ・ネグリ、マイケル・ハート［二〇〇四］『マルチチュード　上・下』（幾島幸子訳、日本放送出版協会、二〇〇五年）
・トマ・ピケティ［二〇一三］『21世紀の資本』（山形浩生・守岡桜・森本正史訳、みすず書房、二〇一四年）
・カール・ポラニー［一九五七］『大転換』（吉沢英成・野口建彦・長尾史郎・杉村芳美訳、東洋経済新報社、一九七五年）
・ルソー［一七六二］『社会契約論』（桑原武夫・前川貞次郎訳、岩波書店、一九五四年）
・柄谷行人『マルクスその可能性の中心』講談社、一九九〇年（講談社、一九七八年）
・柄谷行人『倫理21』平凡社、二〇〇〇年
・柄谷行人『世界共和国へ』岩波書店、二〇〇六年
・柄谷行人『日本精神分析』講談社、二〇〇七年（文藝春秋、二〇〇二年）
・柄谷行人『トランスクリティーク』岩波書店、二〇一〇年
・柄谷行人『世界史の構造』岩波書店、二〇一〇年
・柄谷行人『「世界史の構造」を読む』インスクリプト、二〇一一年
・柄谷行人『帝国の構造』青土社、二〇一四年
・柄谷行人『遊動論』文藝春秋、二〇一四年
・柄谷行人『憲法の無意識』岩波書店、二〇一六年
・柄谷行人『世界史の実験』岩波書店、二〇一九年
・柄谷行人『哲学の起源』岩波書店、二〇二〇年

コラム　協同組合国家の構想

重本直利

柄谷さんの言う〝アソシエーション（労働力商品の揚棄）は生産―消費協同組合によってのみ可能〟（『トランスクリティーク』四四二頁）ということを考えている時、賀川豊彦の『友愛の政治経済学』（日本生活協同組合連合会出版部、二〇〇九年）を思い出しました。私は二〇一七年三月に賀川豊彦記念松沢資料館（東京）を訪れたことがあり、その際に購入した本です。原著は *Brotherhood Economics*（London1937）となっています。この基になるのは一九三五～三六年にかけての賀川の全米講演旅行でのテーマ「キリスト教の兄弟愛と経済再建」です。初版はニューヨークの **Harper & Brothers** から一九三六年に出版されています。その後、二十五カ国、十七言語で出版されましたが、日本では七十年余り後にようやく邦訳本が刊行されました（以下、引用は頁数）。

一九三六年という年は、日本では、二・二六事件が起こり、ナチスとの日独防共協定の締結があり、一九三七年には日中全面戦争が始まりました。本書の第九章には「多くの良心的兵役拒否者がおり、私は彼らを世界で最も立派な人々と思っている」と書かれています。当時、邦訳することはもはや不可能な状況であったと言えます。注目したいのは第八章の協同組合国家です。今から八十五年も前に協同組合国家の構想を提唱していたことに驚きます。賀川は、「中世期、北イタリアには、協同組合国家が多数存在していた。フローレンス、ベニス、パードア、ミラノ、そして約三十の小さな諸都市には、宗教と経済と政治が出会いの場を持つ一種の協同組合国家があった。オーストリアの暴力がそれを破壊していなかったならば、これは現代まで存続していたかもしれない」、「この協同組合国家はきわめて高い文化水準を達成していた」（一二七）と述べています。また、第一次大戦後のイギリスでのギルド社会主義の運動の失敗にふれ、そこでは生産者のギルド運動が過度に強調されていることを指摘し、ギルド国家運動が強力なものになる場合は、「貨幣流通の社会化から始まり、そして生命保険へ、そこから医療、公益事業、消費、販売、そして生産へと広がっていっただろう」（一二八）と述べています。さらに「もしこのプロセスを逆にすれば、失敗に終わることはほぼ間違いない」（一二八）とも述べ、「貨幣流通の社会化」を強調しています。

では、賀川の協同組合国家の構想とはどのようなものであったのでしょうか。それは国家統治機関の立法権のところに大きな特徴があります。産業議会と社会議会の二院制をとっています。産業議会は協同組合連盟および労働組合連合からの議員によって構成されます。協同組合連盟は、健康・保険協同組合、生産者協同組合、信用協同組合、共済協同組合（教育、職業、社会福祉）、消費協同組合などです。そして労働者の権利を保護する労働組合連合です。産業議会の特徴を賀川は次のように述べています。

「産業議会の最大の問題は、資本主義の下で開発されてきた巨大な生産諸組織をいかにして協同組合の管理下に移すかを考えることであろう。各種協同組合が調整され一つの連盟に組み入れられるならば、国は紙幣を無利子で信用組合に貸し、このようにして連盟が国の主要産業をすべて買い取ることができるようにすることもできよう」（一三二〜一三三）。

この買い取りによって、協同組合国家は暴力的な没収に頼ることなく、「資本家たちに静かに退場する機会が与えられる」（一三三）ことになる。産業議会の最大の問題は「私有の制度を協同組合所有の制度へ移していく方法」としています（一三三）。産業議会（下院）は、税金、国営事業との関係、私的所有権、協同組合制度、関連経済施策の立法を扱い、社会議会（上院）は、宗教・思想・教育、倫理・芸術・慣習、外交、社会問題、軍事・警察、国営事業、国家事業の立法を扱うとしています（一二九）。両議会は相互に批判と調整が行われます。

こうした協同組合国家を創っていくには、非営利の経済運動を絶えず育成していかなければならないと賀川は述べ、「国民の大半が各種の協同組合の組合員になったとき、公然と産業民主主義の旗印を掲げて、資本主義体制を認めている今日の社会民主主義を改造し、社会政治機構のすべてを協同組合へと変換していくことが期待できるようになるであろう」（一四二）としています。

このコラムを書き終えようとしている時、渡辺峻先生の新著『生協組織のマネジメント』（文理閣）が届きました。賀川は、『友愛の政治経済学』の中で協同組合経営にも言及していますが、生協組織のマネジメントの考察はありません。渡辺先生は、「生協組織は生き残れるか」の厳しい問いを投げかけられ、「生協事業の全般のあり方・考え方の再検討・再構築をせざるを得ない」と述べられています。そこでは、自主的・民主的な組織体・運動体の強みを最大限に活かすこと、抜本的なイノベーションの必要性、生協型ソーシャルビジネスの提唱、逆ピラミッド型の組織運営（民主主義的な全員参加）などです。このことは、協同組合国家の構想、協同組合社会の実現にとっても重要なことであり、また協同組合経営の中身を現代的に提示されていると思います。

国家、社会、組織のそれぞれのあり方は相互につながっています。特に賀川は世界の経済体制の「協同組合化」（国際協同組合）が世界平和の確立のための基盤であると強調しています。「友愛」による「協同組合化」とともに、「協同組合化」によってはじめて「友愛」は現実化・具体化するということなのでしょう。一九三六年に比べれば、現在、かなり多くの市民が協同組合員になっています。賀川の言うように公然と「協同組合国家」の旗印を掲げたいと思います。それはカントの「世界共和国」への道でもあるのです。

（しげもと・なおとし）

〔市民時評〕

吉村大阪府知事と新型コロナ危機

——評価の裏にあるもの——

青水　司

はじめに

いま、吉村大阪府知事の「府民のいのちが第一」というコロナ禍対応に賞賛の声がネット上にあふれている。たしかに、重要情報を隠ぺいし、博打に興ずる検察官僚を懲戒処分にしない安倍政権に比べれば、よほどましに思えるのかもしれない。しかし、ちょっと待ってほしい。

1．大阪府庁とテレワーク

政府の「緊急事態宣言」を受けて、四月十三日のコロナ対策本部会議後の記者会見で、吉村知事は企業などに休業、在宅勤務を強く要請した。しかし、足もとの大阪府庁のほとんどの職員には、テレワークなどの在宅勤務はなく、普段通り電車等公共交通機関で通勤していた。府の幹部は「感染者が発生して、同じ課や室の全員が濃厚接触者となり自宅待機になれば、ただちに府民への業務が滞る。上層部にリスク回避の観点から一部をテレワークなどの在宅勤務に変えるように進言したが、実施される気配がない」（大阪取材グループ「緊急事態宣言で揺れる大阪」『ねっとわーく京都』かもがわ出版、二〇二〇年六月）と嘆いた。それに前後して、滋賀県の大津市役所では、四月十一日から二十日までに十一人の集団感染(クラスター)が発生し、やむなく、二十五日から十二日間市役所を全面閉鎖、二二〇〇人の全職員が自宅待機になり、市民への業務は混乱・遅延した。

上記の四月十三日、記者に在宅勤務について問われた吉村知事は「テレワークの環境が整っていない」と言いながら「スマートシティ戦略(人工知能とネットワークによる情報化・効率化)を僕の肝煎りで立ち上げた」と話をそらした。在宅勤務は、労働条件などを低下させる問題があるが、危機管理としては考える必要がある。昨年十一月二十七日、知事自ら大々的に「働き方改革」を打ち出したが、その中身がまさに問われている。

吉村知事が「府民のいのちが第一」と言うのなら、コロナ危機まっただ中の三月三十一日の「スマートシティ戦略」(二〇二〇年度予算八二四五万円)策定は不要不急で中止すべきだった。また、不要不急どころか有害な「カジノIR」の準備(二〇二〇年度予算職員費四十九名・五億四四四七万円、事業費二億二七八七万円)を止めれば、当面のテレワーク環境整備など、それほど難しくない。パチンコを自粛させておいて、カジノ準備を急ぐのは不誠実である。

結局、府職員が自宅などで実施できる業務を拡充させる在宅勤務環境緊急導入事業(一億九六一〇万円)のために、補正予算(一般会計第四号)が通過し(四月末)、昨年十一月の試験的使用から同時接続台数約二五〇〇台の端末の使用が可能になった。このように、吉村知事も危機管理としてのテレワークの必要性を認めざるを得なくなった。

2. 吉村府政の本質—コロナ禍のなかで—

(1) 吉村府政の出自

元をたどれば、コロナ禍をまえにして橋下徹元知事が「大阪府知事時代、大阪市長時代に徹底的な改革を断行し、有事の今、現場を疲弊させているところがあると思います。保健所、府立市立病院など。そこは、お手数をおかけしますが見直しをよろしくお願いします。」(二〇二〇年四月三日)と明確に自己批判したように、「二重行政」解消の名のもとでの福祉や保健医療の合理化に根源的問題がある。「赤字の施設は廃止、黒字の施設は民間へ」ということである。

住吉市民病院と府立急性期・総合医療センターの統廃合は、橋下氏が赤字を理由に提起し、統合にかかる費用(三十億円)が現地建て替え案の費用(五十七億円)を下回るとされたことから統廃合を決定したが（二〇二一年）、実際には統廃合にかかる整備費用は八十億円以上になることが明らかになった（二〇一七年九月市議会）。市議会は民間病院を誘致する決議をして承認したが、実際には、吉村知事が大阪市長時代に誘致に四度失敗し、住吉市民病院は結局二〇一八年三月に廃止になった。一〇一床の小児科と産婦人科だけの病院だが、十代のシングルマザーや未受診妊婦の出産など福祉的ニーズの高いケースを積極的に受け入れ、家族付き添いなし入院や重症心身障害児の短期入所の機能を併せ持つなど、「まさに地域になくてはならない」病院だった。右の問題の根底にあるのは、こうした福祉切り捨て政策である。

今後の大阪でいえば「二〇二五年万博」、「カジノＩＲ」、そのための公共工事で儲かるのは土建大企業であり、庶民はカジノでお金を巻き上げられ、福祉切り捨てにされる。その一方でいま、「府民のいのちが第一」というのは噴飯ものである。

（２）吉村知事は「府民のいのちが第一」か？

私たちのいのちと健康にとって重要な保健所は、表１のように、二十六年間で全国で半減に近い。大阪府はさらに三分の一に減少している。これは、自民党政府が一九九五年「保健所法」を「地域保健法」に変え、保健所を広域化して保健所数を減らしたことが大きな理由である。

表１　全国、大阪府の保健所数

年	1992	2004	2018
全国	852	571	469
大阪府	54	18	18

資料：厚生労働省健康局（2020 年 4 月他）

二〇〇八年からの橋下徹、松井一郎の「維新」府政は、自民党政府以上に公務員を削減した。二〇一七年には全国で唯一、府立公衆衛生研究所を府直営から切り離し、地方独立法人化した。そのため、大阪府の職員数と保健師数は急減した。二〇一八年の感染症病床数、保健師数は全国ワースト二位（人口十万人当たり）になった。

表２のように、大阪府はピーク時想定病床数は三千床に対して実際の確保数は一一七九床で充足率三十九・三％にすぎず、首都圏の東京都（八十二・五％）、神奈川県（四十八・一％）、千葉県（四十八・二％）に比べてもかなり低い。

四月十四日、松井大阪市長、吉村知事が、病院長にも知らせず記者会見で十三市民病院を新型コロナウィルス中等症専門病院にすると公表し、メディアも賞賛していたが、

表２　新型コロナウィルス感染者受け入れ病床数

都道府県	ピーク時想定数	実際の確保数	確保率
東京都	4000	3300	82.5
大阪府	3000	1179	39.3
神奈川県	2800	1346	48.1
福岡県	1800	490	27.2
千葉県	1700	819	48.2
北海道	1558	700	44.9
愛知県	1500	500	33.3

資料：新型コロナウィルス専門家会議（2020.5.29）

前述の通り、感染症病床数および保健師数の全国ワースト二位への削減などによる危機を覆い隠す苦肉の策であるし、苦し紛れの感染症病床確保であったろう。公表する前に、十三病院側と相談し、追い出される妊婦、ガン患者などの転院に責任をもつべきだった。彼らのほとんどは、次の病院への紹介に時間がかかった（患者談）。さらに府市職員が後始末に混乱した（北野妙子大阪市議談、四月十五日）。このような、表向き市民には目立つが、困っている人を切り捨てる大衆迎合主義（ポピュリズム）による福祉・保健医療切捨て政策を許すならば、私たちの生活はズタズタに破壊されるだろう。

また、吉村知事は八月四日の会見で、コロナウィルスに効果があるなどとして「ポビドンヨード」成分を含むうがい薬の使用を「うそのようで本当の話」だと呼びかけた。そして、会見直後から各地の薬局に客が押し寄せ混乱を引き起こした。日本医師会の中川俊男会長は、「エビデンス（科学的根拠）が不足」とその効果に疑問を提示した。また、医療関係者からは妊婦への副作用が指摘されるなど、吉村知事のあやまったメッセージを社会的に是正する動きになった。行政のリーダーとして、専門家の知見を確認し、危機の中で混乱を引き起こさないようにするのが基本である。先に、十三市民病院についても述べたように、大衆迎合主義をもとに、このような健康と命に関わる軽率なスタンドプレーを許すことはできない。

（３）吉村知事が学ぶべき教訓

このような公衆衛生・医療の切り捨てのもとで、コロナ禍が流行してきた。そして、ライブなどでの集団感染（クラスター）から病院内集団感染まで発生してきた。

なみはやリハビリテーション病院では百三十三人を超える院内集団感染（クラスター）が発生し、多くの看護師も感染、自宅待機となり、ＰＣＲ検査で陽性の看護師まで

「代わりの人がいないので四月二十日から翌朝まで勤務をさせた」という事態まで起こった。そして、陰性の看護師は上司から「陽性の人と勤務してください」といわれ、陽性の看護師とともに勤務を要求され、スタッフの安全、満足な医療や看護の提供ができないとテレビの取材に答えた。もし、この看護師が内部告発していなかったら、文字通り医療崩壊になっていただろう。（テレビ朝日、【内部告発】大阪の「なみはやリハビリテーション病院、感染した看護師の勤務を続けさせて百二十二人も感染」二〇二〇年四月二十三日）。なみはやリハビリテーション病院長はもちろん、吉村大阪府知事や、松井大阪市長の責任も大きい。なお、なみはやリハビリテーション病院以外にも、明治橋病院（五十二人）、第二警察病院（六十七人）、大阪済生会泉尾病院（十六人）で十人以上の集団感染が発生している。

このまま心身をすり減らしながら、長時間残業、不当な労働の強制、理不尽なコロナ差別（保育所拒否、公園追い出しなど）まで受ける公衆衛生や医療関係者の犠牲に依存するならば、公衆衛生・医療機能は破綻する。「府民のいのちが第一」と言うのなら、今こそ、自らの合理化によって切り捨てた病院の再建、医療従事者の負担軽減、公衆衛生研究所を府立直営に戻し、恥ずべき感染症病床数、保健師数全国ワースト二位を脱する時である（大阪府関係職員労働組合「公衆衛生の危機！ このままでは府民のいのちと健康は守れない！」二〇二〇年三月二十五日参照）。これが、吉村知事がコロナ危機から学ぶべき最大の教訓である。

おわりにかえて――コロナ禍と人権――

ほとんどのテレビでは、コロナウィルス対策で、西欧や米国は政府が外出禁止など強権的な政策をとる代わりに経済的補償が厚い。日本は外出自粛など強権的ではない代わりに経済的補償が少ないと二分してとらえている。そうだろうか。日本は形式的には人権があり民主主義的ではあるが、実質的には人権はあまりない。

この国では、福島の自主避難者が二十ミリシーベルト以下での「避難の権利」を奪われているのはもちろん、財務省近畿財務局職員だった赤木俊夫さんが森友問題で決裁文書の改ざんを幹部らに強要され自死した問題で、赤木さんには改ざんを止める自由はなく、自死する自由しかないほど人権はなかった。さらに、植村隆・元『朝日新聞』記者は慰安婦問題で「売国奴」と脅迫され、再就職まで取り消されただけでなく、娘まで「自殺まで追い込む」とネットに顔までさらされ、脅迫された。また、えん罪で無罪になっても、ほとんど検察・警察は謝罪さえしない。権力犯罪の償いさえしないのだ。この国の自由や人権がどの程度のものなのかがよく分かる。

今回のコロナ危機でも、特に弱者に人権はない。住居不定者が「特別定額給付金」を受け取るのは手続きがとても難しくあきらめる人も多いという。多くの外国人労働者をはじめ不安定労働者が失業している。また、東京では、昼間にマスクをしていない人が警察官に声をかけられて運転免許証の提示を求められ、交番まで連れて行かれるという事態があった。愛知では、自家用車を運転していたところ、パトカーがサイレンを鳴らして停止を求め、「緊急事態宣言が出ているにもかかわらず、どこへ行くんだ」と言われたという（『救援新聞』二〇二〇年五月十五日号）。警察はこのような「声かけ」で人権を制限するのではなく、コロナ問題に乗じた犯罪の取り締まりなど、本来の職務に力を注ぐべきだ。そして、このような人権が尊重されない社会構造の中で、ネットなどにおけるコロナ差別、「自粛警察」が、飲食、娯楽などができないことなどへのうっぷん晴らしをしているのが現実であろう。

先に述べたように、公務員や医療関係者の人権が制限されることは、民間の労働者の人権もまた制限されることを意味する。維新府市政は公務員を削減し、ポピュリズムによって大阪府市民にリップサービスをしてきたが、それは自らの首を絞めていることに大阪府市民はそろそろ気がつくべきだ。吉村府知事に拍手を送っている間に、「二重行政」を廃止して、合理化をすすめ、福祉・保健医療を切捨てる政策が進む。

コロナ危機でもぎりぎりで人権を守った看護師がそうであったように、強い人権にもとづく社会ができなくては、民主主義は成長しない。自由、人権、民主主義は、私たちの先達が作り、獲得して、私たちが受け継いできたもので、与えてもらうものではないことを、このコロナ禍をめぐる問題状況のなかであらためて痛感させられた。

コラム

政治家の覚悟は人間の倫理により裁かれる

中村　共一

二〇二〇年十月、菅義偉氏は首相に就任しました。彼は、安倍二次政権の八年間において内閣官房長官を務め、安倍首相を支えてきた人物です。首相就任で掲げられた基本姿勢は、「安倍政権（アベノミクス）の継承」と言うように、安倍政権の「負の遺産」を引きずる「覚悟」にあるようです。

この政権には、唖然とする数々の事件がありました。安倍政権は、違憲性のある安全保障関連法改正を強行したばかりでなく、「モリカケ」事件、「桜を見る会」事件、「検事長の定年延長」事件など国民を無視し「情実」を優先した権力の乱用や公文書の改ざんを行ってきました。菅首相の政治手法はさらにこれをバージョン・アップしていこうというものです。就任早々、学問の自由を侵害する「日本学術会議任命拒否」事件を引き起こし、まさにその「覚悟」を示して見せました。『政治家の覚悟』（文春新書　二〇二〇年）をみると、その「覚悟」は、官房長時代から変わっていません。そればかりか、「三権分立」の国民政治体制を蔑ろにし、「官僚をうまく使いながら国益を増大させる」という「官邸主導」をさらに押しすすめようとしています。

だが、事は、菅首相にとどまりません。この政治手法は、自民党政権の「政治手法」とみていいからです。内閣府設置（一九九九年）以降、「政治主導」が「官邸主導」へと進展し、さらに中央省庁再編による「内閣府の創設と内閣官房の権限の強化」や「内閣人事局の設置」が行われていきます。「内閣」が主導し、政策立案、予算案作成、官僚人事などを実施していく権力体制が整えられてきたのです。したがって、政権の意向が内閣府を通じて各府省にトップダウンで示されるようになり、官邸の方ばかりをみて「公務」を行う「忖度政治」をはびこらせてしまいました。

こうした政治手法は、一言で言えば、国民国家の今日的な特徴をなすものであり、行き詰った資本主義（グローバリゼーション）の現状があり、またそれを打開しようとする帝国主義（新自由主義）的な国家政治を反映しています。また、長い目で見れば、近代社会の終着点ともいえる時代の「事件」ともいえるように思います。そうした意味では、菅首相の政治手法は、政治家論で終わらない。近代的な政治家に対する「最終評価」が行われなければいけません。こう考えた時、浮かび上がってくるのがカントの政治家批判です。

カントは、「永遠平和のために―哲

学的な草案」(『永遠平和のために／啓蒙とは何か』中山元訳、光文社)のなかで、「道徳的な政治家」と「政治的な道徳家」の違いを取り上げ、「道徳的な政治家とは、国家戦略の諸原理が、道徳に反することのないようにつとめる政治家であり、政治的な道徳家とは、道徳を政治家の利益のためねじまげる道徳家である」と説明しています。カントの哲学からすれば、前者は、他者の人格(自由)を手段ばかりでなく目的として扱う政治家のことであり、後者は他者の人格を手段としてのみ扱う政治家をさしています。そして彼は、後者の「政治的な道徳家」の特質を次のようにみていました。

「国家戦略を推進する人々は、実践における経験を誇りとするのであるが、実は彼らが実行しているのは実践というよりも、策略にすぎない。こうした人々が心にかけているのは、自分たちの個人的な利益を損なわないように、現在支配している権力に阿(おもね)り、国民を、場合によっては世界全体を犠牲にしようとすることである。そして彼らは熱心に政治にたずさわっていると言うが、それはまさに法律家のやりかた、しかも立法にたずさわる法律家ではなく、実務にたずさわる法律家のやりかたなのである。というのは彼らの職務は、立法について考察することではなく、現行の国法の命令を実行することだからである。実務的な法律家にとっては、既存のすべての法的な体制が最善のものである。そして上司の命令でこの体制が改変された場合には、あらたに生まれた体制が最善のものとなるのである。」(二二二頁)

そしてまた、この「政治的な道徳家」の「策略」は「人間についての勝手な概念によって、理性によって規定される国法と国際法の問題にまで判断を下そうとする」越権行為に及んでいくとまで言っています。

こうしたカントの批判は、菅首相や保守党の政治家にピタリとはまります。求められるべきは、これとは異なり、他者の人格を目的として政治を行なう「道徳的な政治家」といえます。しかし、もともとカントの批判は、個々の政治家批判を超えています。国民国家の政治に執着するかぎり、どんな政治家であれ、同様な問題が避けられないとみているのです。カントの「道徳的な政治家」論は、人間理性の特性から根本的に展開されたものであり、他者の人格を「道具」として扱うのみならず、「目的」として扱え、と主張する点に特徴があります。個性にかかわらず、生死にかかわらず、国民を超え、他者の自由を実現していく点に、政治家の実践を評価しようとするのです。これは崇高な倫理ですが、「人間の当たり前」とみなすべきでしょう。今日の政治家は「人間としての覚悟」が試されているのです。

(なかむら・きょういち)

エッセー

百花繚乱——一九六〇年前後の映画を観る——

照井　日出喜

《秋日和》（小津安二郎監督、一九六〇年）

　小津安二郎監督の《秋日和》の小宇宙へと、わたしはだいたい二年に一度くらいは赴くのであるが、それは、岡田茉莉子扮する「佐々木百合子」さんに逢うためである。もとより、この作品は、母である三輪秋子（原節子）と娘のアヤ子（司葉子）を主人公として、アヤ子の結婚の経緯をめぐって展開する物語であり、大船喜劇である。佐々木百合子は、そのアヤ子と同じ会社で働く仲のいい友達で、お寿司屋さんの娘であるが、ある種の義侠心に富み、いささか鼻っ柱が強く、いわば「竹を割ったような」性格で、ちょっとした誤解から、アヤ子の窮状を救うべく、三人の中高年の悪友ども（佐分利信と中村伸郎扮する会社の重役、北竜二扮する大学教師）をまとめて呼び付け、凄まじい剣幕で難詰し、その「悪事」を白状させようとする。しかし、その誤解が解けるや、わが家であるお寿司屋に案内し、「ここのお嬢さん、とってもきれいなんだ」などと言って煙に巻き、最後には、「おじちゃま、勘定はちゃんと払ってね」と念を押す。

　中高年の悪友どもに向かって早口でまくし立てるシーンが、なんとも痛快もしくは爽快で、わたしなどは、幾度となくこの凄まじくも楽しい弁舌に酔い痴れてきた。

「母子家庭」で、学校では「孤独ないじめられっ子」として育った岡田茉莉子は、映画《滝の白糸》（一九三三年）を観てきたことを母に告げて、その主人公を演じている岡田時彦が自分の父であることをはじめて教えられる。彼は、三十歳の若さで早世した、二〇年代から三〇年代にかけての一大二枚目スターで、小津監督とは映画創りのうえでの同志であり、親友であった。少女時代の人間嫌いのゆえか、その大きな瞳の底に時折り暗い影が走るからであろう、東宝では不良少女や芸者のような役ばかり回ってきたそうであるが、ともあれ、《秋日和》では「まっとうな」O

Lということになっている。

小津さんの演出は、それに慣れるまでは俳優にとって息苦しいものだった。小津さんはカメラ・ポジションをご自身で決め、レンズを覗きながら、細かい指示を出される。視線が少しでもそれたりすると、きびしく注意される。手の動きにしても、その速度、位置までが決められていた。テストを繰りかえすうちに、自然に眼が寄ってしまい、機械仕掛けの人形のように、身体も硬直してしまう。そして本番のときだけ、カメラマンの厚田さんが小津さんにかわってレンズを覗くのだが、それも不自然なほどの低い位置からの撮影だった。(岡田茉莉子『女優　岡田茉莉子』、文藝春秋、二〇〇九年)

固定カメラに五〇ミリのレンズを付け、静寂が支配するスタジオで、小道具の位置にも延々と修正を加えながら、赤の発色のために西ドイツのアグファ・フィルムを用いて、ローアングルから役者を撮る、というのが、小津監督の作法であった。彼の「絵」の特徴の一つは、二人の人物の対話のシーンのさい、普通ならば、一方の人物はピントを外し、台詞を発する役者にピントを合わせて斜めから撮ることが多いのに対して、彼にあっては、役者たちがカメラに向かって、したがってまた観客に向かって、台詞を交互に言うことが多いということである。それは、たしかに「不自然」ではあるが、しかし、それによって紡ぎ出される「絵」は、登場人物のバストショットの「ポートレート」であると同時に、虚構の人物として生きる役者の「ポートレート」ともなるのであり、その相乗効果が、彼の作品に独特の存在感の強さを与えている。吉村公三郎監督は、「(役者の)演技はそんな『技術』(「役づくり」)「なんかではなく、役柄を通じてする俳優の『自己表現』に他ならない。つまり演技は、俳優が『自分自身』を演ずることなのだ」(吉村公三郎『映像の演出』、岩波新書)と書くが、小津監督のスタイルである、この「二重のポートレート」は、結果的に、吉村監督が言う「役者の自己表現」を強調するものとなる(もちろん、作品がそうした自己表現を要求するほどの構想力を持つものであることが前提であるが)。

翌六一年に宝塚映画で撮られた《小早川家の秋》にも、団令子扮する「佐々木百合子」が登場するのであるが、こちらの百合子さんは、おそらくは自分の父親ではないかも知れない小早川万兵衛(中村雁治郎)にミンクのストールをねだるぐらいで、あまり冴えた役割を与えられてはいない。

しかし、一九五八年の映画《彼岸花》には、山本富士子演ずる「佐々木幸子」さんが登場し、これまた友人である平山節子(有馬稲子)が、愛する青年(佐田啓二)との結婚を父親(佐分利信)に反対されて苦悩するのを救うべく、平山を相手に「一世一代の大芝居」を打つ。幸子は京都から東京にやって来たという設定で、自分の状況の相談という虚偽の前提のもとに、京言葉をまさしく立て板に水のごとくに速射しながら、「好きな人ができたら、自分の意志で結婚すべきだ」ということに、平山をまんまと同意させ、すぐさま節子に電話して、彼女の結婚が許されたことを伝えてしまう。山本富士子は大阪生まれの京都育ちであり、彼女の京言葉は、いわば「母語」にも等しかったであろうから、その明るく華やいだ幸子さんの声の調子に、わたしはつねに感嘆の念を抱きつつ聞き入ることになる。

この作品には、父（笠智衆）と対立し、愛するバンドマン（渡辺文雄）と同棲しながらバーで働く三上文子（久我美子）が登場し、一人の女性としての自立した生活を凛とした表情で主張して、映画のなかの強烈なアクセントを作っている。

小津作品の戦後の一連の「ホームドラマ」は、基本的に結婚をめぐるものであるが、見合いか恋愛か、という二者択一のプロットに基づくものでありつつも、それはまた、戦後世代における発想の変化を描くことにもつながっている。

たとえば《晩春》は、戦後まもなくの一九四九年の作品であるが、ここには月丘夢路扮する北川アヤが登場し、大学教授曾宮周吉（笠智衆）の娘紀子（原節子）が結婚そのものに逡巡するのに対して、恋愛結婚で破れた経験を持つ彼女は、親友として、紀子に向かって次のようにけしかける――「行っちゃいなさいよ！　行ってみんのよ、嫌だったら出てくんのよ！　平気、平気、平気よ！」。べつに小津監督がそれを意図しているわけではないが、見合い結婚から恋愛結婚へと、戦後、その比率が急激に変化していく状況を、漠然とではあるが象徴的に示すものとして、月丘夢路が発する「平気よ！」の台詞が聞こえてくる（占領下の日本では、英文タイプに堪能であることは就職に有利だったというから、英文タイピストであるアヤは、つまらぬ男の一人や二人を蹴飛ばしても、自立して生きていくことが可能だったに違いない）。

小津監督が新東宝で撮った《宗方姉妹》（一九五〇年）は、戦前世代の姉である宗方節子（田中絹代）と、戦後世代の妹満里子（高峰秀子）との生き方の違いそのものをテーマとした作品である。ある意味では因襲的ともいえる考え方を示す姉に対して、当時のいわゆる「アプレ世代」の妹は、何から何まで破天荒なキャラクターとして設定され、抱腹絶倒の仕草と台詞を繰り返しつつ、失業者で飲んだくれの夫である三村（山村聰）に殴られる姉に、十数年前、ひそかに思いを抱いた相手である田代（上原謙）との関係を「すみれの花の咲く頃」を歌って揶揄しつつ、焼けぼっくりに火を点けるべくけしかける。姉が三村との離婚と田代との再婚を決意した刹那、三村は泥酔して急死する。満里子は、「障害」が消えて姉の再婚が決まったように思われて喜ぶのだが、節子は、「三村の影を背負って田代さんのところへは行けない」と言い、満里子は、それが姉の生き方を貫く芯の強さであることを理解する。

原作である大佛次郎の《宗方姉妹》は、じつは大部な長編小説であり、映画に現れる節子と満里子の心理と行動は、そのごく一部をなすに過ぎない。小説は、彼ら二人がその中心に位置しているとはいえ、登場人物たちの戦中から戦後にかけての、したがって、彼らの青年期から壮年期へといたる時期の行動を緻密に追った、一種の「群像劇」であり、その限りで、野上弥生子の《迷路》を想起させないこともない。

映画のなかの満里子は、高峰秀子の演技によって、じつに生き生きと造形されており、いま観てもじつに「新鮮」であるが、彼女が現れるほとんど戯画化されているかのごとき場面の多くは、原作にはなく、野田高梧・小津安二郎の脚本によるものである。

姉妹ではないが、溝口健二監督の一九五三年の《祇園囃子》には、客に飲まされてへべれけになった一七歳の舞妓・美代栄（若尾文子）が、芸妓の美代春（木暮実千代）に、「やっぱりあんた、アプレや」と言われ、「お姉ちゃんはアヴァンゲールや。古い、ということ！」と言い返す場面があるが、じっさい、この作品自体、祇園という、所詮はカネのみがものを言う世界のなかで、カネを動かす連中のたんなる哀しい道具として生きねばならぬ二つの世代の女性たちへの、溝口監督特有のオマージュである。

小津監督の一九五一年の《麦秋》では、主人公の間宮紀子（原節子）は、彼女自身、周囲がお膳立てしてくれるお見合いを蹴って、勤務医である父（笠智衆）の部下である矢部謙吉（二本柳寛）と結婚して秋田に赴くことで決着することになっており、主人公とコントラストをなすべき勝気でおきゃんな友人は（淡島千景扮する田村アヤは、多少、それに近いが）登場しない。

翌一九五二年の《お茶漬の味》には、まさしく「勝気でおきゃんな女性」の典型のような人物が登場する。佐竹茂吉（佐分利信）は、高給取りのエリート社員で、妻の妙子（木暮実千代）とは見合いで結婚して何年か経つ、という設定なのだが、妙子の姪である山内節子（津島恵子）は、親戚一同が決めていた歌舞伎座での見合いを、「お見合いなんて、嫌よ！」と啖呵を切ってすっぽかし、佐竹とその若い後輩の岡田（鶴田浩二）と競輪場で楽しく過ごしたあと、三人でパチンコに行って時間をつぶし、夕方、その店の向かいのラーメン屋で、ラーメンなるものについて微に入り細を穿って蘊蓄を傾ける岡田君といっしょに食事をして帰る。もちろん、彼女は叱責されるのだが、「お見合いなんて、封建的よ！」と言って意に介することはない。

ともあれ、当時、競輪、パチンコ、ラーメンというのは、映画などとともに、おそらくは一般庶民の娯楽として定着しつつあったのであろうが、「不良少女」でもない、「良家の子女」である節子が、見合いを蹴飛ばして「悪所」である競輪やパチンコに行く、というのは、なんとも楽しい設定である（ちなみに、小津作品では会社の重役や大学教師や医師といった「堅物」もどきを演ずることの多い笠智衆が、この映画では、妙な帽子をかぶったパチンコ屋の親父さんとして登場し、軍隊時代の上官であった佐竹たちを前に、「いやあ、パチンコはいけません、こんなものが流行るようでは、社会はだめになります」などとまくし立てるのであり、これもまた小津監督一流の皮肉なのであろう）。おそらくは岡田君を尻に敷く妻となるであろう節子さんの未来を予感させつつ、映画は終わる。

《晩春》の北山アヤ、《宗方姉妹》の満里子、《お茶漬の味》の節子、《彼岸花》の佐々木幸子、《秋日和》の佐々木百合子と続く、一連の「勝気でおきゃんな女性の系譜」に属する人物は、《宗方姉妹》を除けば、もとより、それぞれの作品のプロットの中心をなしているわけではなく、どちらかと言えば、主人公の女性に対するコントラストを形成するためのアクセント的存在である（岡田茉莉子は、《秋日和》の佐々木百合子を、「主役の原さんのためのコミック・リリーフ」と呼んでいる）。そしてまた、小津監督自身、意識的にそうした「系譜」を作る意図を持っていたわけでもないであろう。しかし、わたしには、その「系譜」に属する女性たちは、期せずしてと言うべきか、戦後の「自立した新しい女」のある種の典型もしくは傾向もしくは願望を暗示する存在として映ずるのである。

もちろん、戦後の小津監督は、上・中流家庭の「ホームドラマ」

のみを撮ったわけではない。一九五七年の《東京暮色》は、複雑な家族関係が惹き起こす若い女性（有馬稲子）の悲劇を追い、大映で撮った一九五九年の《浮草》は、社会の最底辺を浮遊する旅役者一座の酷薄な運命を辿りながら、しかしまた、芝居に対する彼らの飽くなき執念をも描き出す（「劇中劇」でドサ廻り風の国定忠治を演ずる京マチ子は、微笑ましくもいささか気の毒であるが、雨のなか、中村雁治郎扮する座長と道を隔てて激しい調子で渡り合う彼女の演技は、観る者の心胆を寒からしめるほどである）。

《娘・妻・母》（成瀬巳喜男監督、一九六〇年）

《秋日和》と同じ一九六〇年、原節子は、成瀬監督の《娘・妻・母》に出演する。嫁と姑、姑との同居か別居か、夫と妻、兄弟姉妹、恋愛、夫婦喧嘩、事業の失敗、財産分与、老後の身の振り方、等々、一般庶民にとってはいずれも身につまされる諸問題をテーマに、原節子、高峰秀子、草笛光子、淡路恵子、杉村春子、団令子、三益愛子といった、当時を代表する女優陣と、森雅之、上原謙、仲代達矢、宝田明といった役者たちを起用して撮られた作品であるから、いささか「高踏的喜劇」の《秋日和》が一億四五〇〇万の興収を得たのに対し（当時の大卒初任給は一万円といわれる時代であるから、これでも大変な額ではあるが）、《娘・妻・母》は、ほぼ二倍の二億七五〇〇万を獲得したとされている。

成瀬監督は、林芙美子の小説を原作とする諸作品、すなわち、《めし》（一九五一年）、《浮雲》（一九五五年）、《放浪記》（一九六二年）等で知られ、さらには、幸田文原作の《流れる》（一九五六年）や川端康成原作の《山の音》（一九五四年）を撮っており、つまりは庶民的女性映画の大家であった。わたし自身は、《浮雲》や《放浪記》のような、なんともじめじめして鬱陶しい映画は嫌いなので、滅多に観直すこともないのだが、題材からすれば、まもなく到来するテレビ時代のホームドラマに似ていないこともない《娘・妻・母》も、わたしにとっては、それほどには印象の強い作品ではない。他方、五六年の《流れる》では、五人の役者たち――すなわち、没落しつつある柳橋の芸者置屋で、懸命にそれを食い止めようとする女将った奴の山田五十鈴、そこでまさしく八面六臂の働きを見せる女中お春の田中絹代、あまり冴えない芸者を演ずる杉村春子と岡田茉莉子、芸者にはならず、手に職を付けて自立しようとするつた奴の娘の高峰秀子――が、それぞれの人物に強烈な存在感を与えているがゆえに、彼らが生きねばならぬ「玄人の世界」の暗い宿命もまた、秘めやかな哀感を湛えて現われてくるのであり、それこそは成瀬監督の卓越した手腕のなせる業には違いない。

《おとうと》（市川崑監督、一九六〇年）

市川監督の《おとうと》は、キャメラマンの宮川一夫が「銀残し」という、フィルムの現像に独特な処理を施して、コントラストは高いが彩度は低い「絵」を創り出したことでも知られる（この技術の細目はわたしには不明だが、たとえば一九九九年の森田芳光監督の《39 刑法第三十九条》でも、この技法が用いられているとのことである）。しかし、たんにそうした画像上の特色のみならず、この映画は、この時期に立て続けに発表された作品群のなかで、五八年の《炎上》、五九年の《野火》とともに、市川監督の代表的な一篇である。

本来、市川作品には、どこかドライな風刺を利かせた戯画的な雰囲気を醸し出す場合が多く、一九五七年の《満員電車》などは、おそらくその典型をなすものである。いささかお調子者の民雄（川口浩）が、大学を出て「らくだビール」に就職し、連日、駅員に背中を足蹴にされて満員電車に押し込まれ、会社に向かう。そして、先輩（船越英二）から、「怠けず、休まず、働かず」が、「出る釘」にも「サボり屋」にもならずにサラリーマンとして生き延びるための三カ条（「三条の垂訓」と言うべきか？）であることを教えられるのだが、しかし、皮肉なことに、その先輩自身はまもなく病死し、民雄は、結局、無断欠勤を理由として会社をクビになり、母（杉村春子）と暮らすべくボロ小屋を建てる。

《おとうと》にも、そうした戯画的な部分がまったく無縁なわけではなく、それが作品を過度に感傷的なものにすることを防いでいるとも言えるが、およそ「常識」からはみ出した「不良少年」である弟の碧郎（川口浩）への姉げん（岸恵子）の愛と、愛ゆえの叱責と、愛ゆえの悲しみとをひたすらストレートに描く語り口の鮮やかさが、この作品の特質をなしている。

二〇一〇年、市川作品のちょうど五〇年後、山田洋次監督は、《おとうと》のリメイクを創っているが、吉永小百合と笑福亭鶴瓶の姉弟よりは、蒼井優演ずる小春をめぐるプロットの方が、わたしには印象深い。

大岡昇平の《野火》は、いうなれば死の世界を飢えて彷徨する生者の物語であるが、市川監督によるその映画化（一九五九年）は、原作を受け継いで、いっさいの希望を失い、死の幻影もしくは死そのものに取り憑かれながら、飢えと死をめぐる観念の世界しか残されてはいない兵士を追う（もっとも、彼の周囲は全滅した軍隊の敗残兵からなっているのであるから、「現実的な悲惨」が支配しているのであるが）。「死ぬまでの時間を思ふままに過すことが出来るといふ、無意味な自由だけが私の所有であった」――この「無意味な自由」を引きずる主人公を演ずる船越英二は、おそらく彼の最高の演技に属すると思われるものをこの作品で見せている。

市川監督によるはじめての時代劇、長谷川一夫の三〇〇本目の作品記念と銘打たれた《雪之丞変化》（一九六三年）が公開されたのは、マキノ雅弘監督の《雪之丞変化》（一九五九年）の四年後である。長谷川一夫は、林長二郎の時代からの一代スターであるから、三〇〇本というのも不思議ではないが、この作品は、彼の映画からの引退直前の時期に撮られたものである。じっさい、彼の引退は、映画界の斜陽化そのものを象徴的に示しているかのようである。

市川版は、長谷川一夫の雪之丞、若尾文子の浪路の方、山本富士子のお初であるのに対し、マキノ版では、当時三〇歳ぐらいの大川橋蔵の雪之丞、大川恵子の浪路の方、淡島千景のお初という配役で、双方の演出が興味深い対照をなしているのと同じ程度に、配役を比較するのも興味深い。

山本富士子の「女白波」（大泥棒）のお初の「べらんめえ言葉」は、彼女が懸命に台詞の稽古をしたであろうさまが想像されて、なんとなくほほえましさを覚えるのであるが、ただ彼女には、本質的に、たとえば衣笠貞之助監督の《歌行燈》（一九六〇年）のお袖や、吉村公三郎監督の《夜の河》（一九五六年）の舟木きわのような、ひたむきに情熱を燃やす女性の役の方がふさわしかったのであろう。淡島千景の方が、義賊の心を持つ盗っ人の粋な心意気を軽々と表現している。

　マキノ版の浪路の方は、「東映城の姫君」の一人、大川恵子である。市川版の雪之丞が、父の仇を討つために浪路に近づくのに対して、マキノ版の浪路は、雪之丞への禁断の愛に苦悩する女性として描かれる。雪之丞に、「近う、おじゃ」と促す浪路の方に、雪之丞は、「雪之丞は、河原者にござりますよって」と躊躇する――じっさい、彼らの関係は、かの絵島生島事件を彷彿とさせるものであり、将軍の側室と歌舞伎役者（非人）との恋は、発覚すれば、切腹・斬首・遠島・芝居小屋の閉鎖といった処罰が待ち受けるものであった。市川版浪路の若尾文子は、大奥という「女の栄達」を憎悪し、悲劇的な最期を遂げる浪路を狂おしく演じて、強烈な印象を残すのだが、市川版では、山本の浪路と若尾のお初、という組み合わせもおもしろかったのではないかと、わたしには思われる。

　膨大なエキストラを用いて、街に溢れ出る群衆や広い芝居小屋の観客を動かし、殺陣はほとんど《新吾十番勝負》のそれであるマキノ版と、元来、女形の出身である長谷川一夫の舞台をそのまま映画にしたような雰囲気を持ち、登場人物の苦悩（雪之丞が父の仇と狙う土部三斎は、浪路の方の父である）や絶望を描く市川版とは、まさしく「東映時代劇」と「大映映画」の違いそのものを示している。

《笛吹川》（木下恵介監督、一九六〇年）

　市川崑監督とはまた違った意味で、この時期、木下恵介監督は、さまざまな実験を試みた映像作家であった。木下監督は、高峰秀子を起用した一九五四年の《二十四の瞳》と、女子学生たちの学園運動を描いた同じ年の《女の園》で著名であるが、この《笛吹川》では、モノクロで撮影したフィルムに、夕日の朱や死者の血の赤や死を象徴する青などの色彩を乗せて、戦乱のなかで一攫千金を夢見て戦場に赴いては斃れる、社会の最下層の貧しい農民の若者たちとその家族を執拗に追う。描かれるのは貧困と戦争ゆえの死のみである。

　その二年前、一九五八年に、木下監督は《楢山節考》を発表する。深沢七郎の短篇をほとんどそのまま描き出すのであるが、田中絹代を起用し、浄瑠璃を用いて、ほとんど歌舞伎の舞台そのものを撮影するような趣きの「絵」を創り出す。伝承の世界を舞台の上の虚構として強調することで、逆に、母を死地へと捨てざるを得ない息子の絶望を、妙に情念的にならずに炙り出すのである。

　カンヌで受賞した今村昌平監督の《楢山節考》（一九八三年）は、「生（性）と死」のいわば原初性を描き出そうとしたものなのであろうが、原作にいくつかの艶笑譚（左とん平には心からの同情を禁じ得ない）を放り込んだだけのものであり、同じ一九八三年の映画ならば、田中裕子が哀しい娼婦を演じた三村晴彦監督の《天城越え》、岸恵子・佐久間良子・吉永小百合・古手川祐子が競演した市川崑監督の《細雪》、若くして亡くなった夏目雅子が相米慎二監督のもとで演じた《魚影の群れ》といった作品群の方が、わたしには印象深く思い起こされる。

《武器なき斗い》（山本薩夫監督、一九六〇年）

戦後の日本映画の展開を考える時、かの占領下における東宝争議が惹き起こした影響の大きさを無視することはできない。じっさい、独立プロの多くは、争議の終結時にレッド・パージという形で解雇され、追放された映画人たちによって立ち上げられたのであり、彼らには、財政上の問題がただただまとわりつくことになる。

第一次から第三次までの、戦後最大の労働争議とも称される東宝争議は、四七年の「二・一ゼネスト」中止命令に象徴される、冷戦下でのアメリカの対日占領政策の転換に関わるものであるが、戦後すぐの、ようやく戦禍から這い上がって映画を創ろうとする時期に、大きく二つの陣営に分かれ、「分断して支配せよ」の政策に引きずり込まれて激しく敵対せざるを得なかった東宝の映画人にとって、その傷は、その後長く痕跡をとどめることになったであろう。

一九四六年の第二次争議の途中、大河内伝次郎、長谷川一夫、山田五十鈴、原節子、高峰秀子ら、当時の最も有名なスターであった十名の役者と渡辺邦男監督らは、スト側からも会社側からも「中立」な「十人の旗の会」を結成して組合から脱退し（市川崑監督も、当時は助監督としてそのなかに含まれる）、五〇〇名の従業員も分裂して、やがて「新東宝」へ合流する（もっとも、この会社は一九六一年には倒産する）。この時、衣笠貞之助監督は、「スターはいなくても映画はつくれる」という有名な演説をして、組合の仲間を鼓舞したという（山本薩夫『私の映画人生』、新日本出版社）。「スター」たちは去ったが、第一組合には、衣笠貞之助、成瀬巳喜男、黒澤明、五所平之助、今井正、滝沢英輔、豊田四郎、亀井文夫、山本薩夫といった、当時を代表する傑出した監督たちが残っており、彼らは、三船敏郎や久我美子といった新人を発掘して映画を制作する。

一九四八年四月、東宝は、撮影所二七〇余名、東宝全体で千数百名の解雇を通告し、抗議する組合との間で第三次争議が勃発する。

黒澤明監督は、以下のように述べている——「毎日のように押しかける新東宝の勢力から、東宝撮影所を守るために、そこに立て籠る従業員は防備を固めて、撮影所はまるで要塞のようになった」。「私が、このストライキで、最も苦しい思いをしたのは、この東宝撮影所の従業員と新東宝の従業員にはさまれて、入れろ、入れない、の押問答の矢面に立たされた時である。その時、押し入ろうとする新東宝の従業員のなかに、押されている私を助けようと、自分の仲間達を一生懸命引戻しているかつての私の組のスタッフもいた。そして、その連中は、みんな泣いていた」。黒澤監督は、監督たちが「育て上げた貴重な才能の協同体を、ずたずたに斬り裂いている」会社首脳部に対し、激しい怒りを覚える（黒澤明『蝦蟇の油』、岩波現代文庫）。

一九四八年八月一九日、米軍のジープ六台の先導のもと、警視庁の武装警官二〇〇〇名、米軍一個中隊、戦車七台、飛行機三機が取り囲むなか（「来なかったのは軍艦だけ」と言われた）、撮影所の明け渡し決定を受けて、「私たち争議団員全員は、隊伍を組んで、インターナショナルを歌いながら裏門から退出した。裏門には装甲車が並んでいた。隊伍の先頭に五所平之助の姿もあった。

インターナショナルを歌いながら、女優さんたちはみんな泣いていた」（前掲、山本）。山本監督は、これは「明らかに米軍による軍事介入」であると断じ、監督自身、その後、「二十数年間、東宝の門をくぐることはなかった」という（同）。

「黒澤、成瀬、山本（嘉次郎）らは、映画芸術協会を創ってフリー」になり、「一九五〇年まで、東宝は、映画製作をほとんど新東宝に一任し、自らは大量首切りに専念し」、「敗戦直後五六〇〇名いた従業員を、東宝は一九五〇年まで、五年がかりで二千数百名に減らしていった」（同）。

これだけの対立があり、これだけの闘争があり、これだけの解雇があり、これだけの怒りがあり、これだけの絶望があった争議を受けて、東宝ではその後の映画製作が展開されていくのであり、東宝と新東宝に席を置いた人びとのみならず、この凄まじい争議の記憶は、多くの映画人と体制批判者たちの脳裏に深く刻み込まれることになったであろう。

有馬稲子は、一九五〇年代の映画について、「当時、いい仕事はほとんどが独立プロのものときまっていた。今井正、家城巳代治、山本薩夫、亀井文夫さんたちが大活躍されていた」（『バラと痛恨の日々』、中公文庫）と書くが、映画界のこうした状況からすれば、彼女に限らず、映画に関わる人びとの多くは、独立プロ作品の優位を認めざるを得なかったに違いない。

山本監督の《真空地帯》（一九五二年）や、これは独立プロではなく東映の製作によるが、今井正監督の《ひめゆりの塔》（一九五三年）を観るにつけ、戦後まだ七〜八年しか経ってはいない時期に創られたこれらの作品は、多くの人びとにとって、まさしく自分が体験したばかりの惨禍や屈辱や悲劇の再現として、痛切な思いとともに受け止められたであろうと推測される。

「真空地帯」とは、あらゆる人間的なものが叩き潰されてその痕跡すら消え去った「真空状態」をいうのであり、戦地から帰還した数十万か数百万の旧日本兵は、何をどうやっても殴られ、何をどう答えても殴られ、柱に上らされて、疲れ果てて床に転げ落ちるまでミンミンゼミの真似をさせられた初年兵時代の屈辱に次ぐ屈辱の体験を、映画とともに怒りと悲しみをもって想い起したに違いない。《真空地帯》は全国二〇〇〇の映画館で上映され、最終的に一〇〇〇万人に近い観客を動員したということである。

山本監督の《武器なき斗い》（一九六〇年）は、社会運動全体が歴史的に高揚する状況を背景として創られた映画である。大阪総評などが中心となり、関西在住の三〇〇〇人が発起人になって「山宣映画化実行委員会」を結成し、七〇〇万円のカンパが集められ、これが映画のための資金となったという。最後まで治安維持法の改定（改悪）に反対し、右翼のテロに斃れた山宣の映画を実現すべく、こうしたエネルギーが発揮されたということ自体、当時の社会・労働運動全体の底力を背景としたものであることは明らかである。

その前年の一九五九年、山本監督は《荷車の歌》を撮っている。彼の記述（前掲、『私の映画人生』）によると、独立プロの活動は財政的にはつねに綱渡り状態で、配給を行っていた独立映画社は、五九年には経営続行不可能となって崩壊する。要するに、独立プロの拠点となるべき配給組織が失われてしまったということであり、製作―配給―映画館の三位一体で成り立つ映画の中間項が消失したのであるから、自立した製作活動を続けるために、彼らはさまざまな可能性を必死に模索せざるを得ないことになる。

その《荷車の歌》では、農村婦人の一〇円カンパを基礎として制作を進め、移動映写で農村に入って封切りを上映する、という方式が取られた。配給組織が消失しているのであるから、それしか上映の方法はなかったということでもあろう。全国の農村婦人は四〇〇万人を数え、農協という組織を通してカンパを集めれば、計算上は四〇〇〇万円になるという前提で、「農民は一〇円でいい、あるいは一〇円分の米でいい、出せない人は卵一個でいい」という呼びかけを行い、三五〇〇万円ほどは集まったものの、それでも実質的には赤字であった。しかし、試写会のあと、新東宝から一カ月の期限付きで配給の申し出があり、その収入で赤字分は帳消しになったという。都会の上映会での動員を除いて、農村だけでも、《荷車の歌》は一〇〇〇万人以上の人が観たのであるが、それでもやはり財政的にはきわめて厳しかったということである。

《荷車の歌》は、望月優子演ずる広島の山村の貧農の出の娘が、荷車引きの夫(三国連太郎)とともに、明治から戦後までの時期、懸命に荷車を引き、子供たちを育て、姑には事あるごとにいじめられ(嫁である彼女の弁当だけには、白米ではなく粟飯が詰められていて、小学生の長女は、母に自分の弁当を食べさせてあげる)、昼夜を問わずただひたすら働き、しかも、夫はべつの女性(浦辺粂子)を家に引き入れ、長男は戦死する、という物語であるが、しかし、こうした農村女性の一生は、現実の生活においてはごく「普通」であったがゆえに、強い共感とともに、「いまさら映画で観るほどのことではない」という反発もあったという。とはいえ、妊娠して体調のすぐれぬまま必死に働く主人公に、近所の女性たちが心配して声をかけると、「(姑は)男の子は欲しいが、嫁を遊ばす(「休ませる」)のは腹が立つのよ」と答える台詞に、多くの女性たちは、わが身を思って涙したことであろう。

《日本の夜と霧》《青春残酷物語》(大島渚監督、一九六〇年)

一九六〇年は、もとより「安保の年」である。一九五八年秋の警職法(警察官職務執行法)改正への反対運動の大きな高揚(と勝利)を受けて、つまりは、院外闘争の執拗にして広範な展開が内閣の提出した政策を撤回させることができるという「成功体験」を一つの根源として、戦後日本における最大の社会運動が展開されるのである。

そうした社会運動を惹き起こした戦後十五年の状況について、藤田省三は、「市民的自由(シヴィル・リバティーズ)が社会一般に存在していない」という前提のもとで、以下のように述べる。

戦後日本の政治過程は、一方では価値感情において、「国民(ネイション)」の共同性を持たない私的個人および小集団のエゴイスティックな雑居的状況と、他方大ビルディングの建築が進行するのと軌を一にして政治物理学的なメカニズムが整然と体統化されていく二方向の共存としてあらわれている。だからして日本に単一の政治社会が存在しているかに見えるのは形骸の整然さにおいてだけであって、見えざる有機的つながりによるものではない。(日高六郎編『一九六〇年五月一九日』、岩波新書)

これが書かれてから六〇年を経て、藤田が指摘したような「市民的自由（シヴィル・リバティーズ）の不在」と「形骸の整然さ状態」を、現在、ほとんど退行化現象のうちにとらえなければならぬというのは、いかにも救い難い限りであるが、当時、反岸内閣闘争に参加していった人びとにあっては、こうした強烈な現状認識＝現状批判が共有される場合も多かったであろうと想像される。

一九六〇年五月一九日から二〇日にかけて、警官五〇〇人が衆議院内に入り、坐り込みを続ける社会党議員らをゴボウ抜きによって排除したのち、社会・民社・共産の三党と、石橋・三木・河野・松村といった自民党反主流派の主要メンバーが欠席するなか、自民党は単独で安保条約などを一括して「強行採決」する。「五月一九日は、一二月八日の奇襲計画に荷担した岸信介を首班とする政府によって、国民にたいする、そして民主主義にたいする政治的な奇襲攻撃がかけられた日」（同書）であった。国会抗議デモや大小無数の集会は間断なく続き、六月四日のストライキには、全国で四六〇万人が参加したとされる。

しかしまた、この運動もまた、さまざまな内部対立を抱えていた。日高六郎は、「五・一九運動を通じて、安保改定阻止国民会議と全学連主流派、あるいは日本共産党と共産主義者同盟との対立は、民主主義陣営のなかの内部矛盾として、最後まで調整できないまま」であったと総括する（同書）が、じっさい、樺美智子さんの死をめぐってさえ、意見の相違から対立したのである。大島渚監督の《日本の夜と霧》は、ほとんど直接的に、その対立関係をキャメラで追った作品である。長回しのキャメラ・ワークで、ほぼ一貫して議論もしくは討論もしくは非難の応酬のみを撮るのであり、「スターリンの亡霊に取り憑かれた廃人！」などという罵倒の言葉が飛び交うシーンが延々と続く。低予算・短時間の「急ぎ働き」であることを逆手に取って、役者が長い意見（台詞）を途中でつっかえたりするのをそのままにすることで、むしろある種の緊迫感を生み出している。映画としてはおもしろくないが、問題意識は興味深い。

同じ年、大島監督は《青春残酷物語》を発表する。当時、若い層にはかなり受け入れられた作品とのことであるが、主人公の男女が警官隊に待ち伏せされて蜂の巣のごとくに射殺される《俺たちに明日はない》（アーサー・ペン監督、一九六七年）や、男女がほとんど「シュール」な殺人鬼として登場し、マスコミや刑務所や警官隊を敵に回して暴れ回る《ナチュラル・ボーン・キラーズ》（オリヴァー・ストーン監督、一九九四年）といった作品群とは異なり、二人の男女は美人局で小金を稼ごうとするものの、男は仲間のリンチで殺害され、女は車から逃げ出そうとして死亡するという、所詮は自業自得の死を迎えるだけの物語である。「残酷」なのは、社会に対する不満を、いかにもケチな犯罪行為でしか解消できぬまま破滅する若者の運命なのであろう――彼らは、学生たちが激しいデモをしている光景を前にしても、なにかの反応を示すわけではない。

《豚と軍艦》（今村昌平監督、一九六一年）

安保闘争の翌年に創られた《豚と軍艦》は、まさしく「安保体制」への痛烈な皮肉と風刺を放り込んだ「寓話」として知られる。

米海軍基地の一つであるヨコスカの米兵用売春ハウスが舞台であるが、当局の手入れで店がつぶれかけたヤクザは、米軍基地の大量の残飯を餌にして豚の飼育で儲けようとする（この辺り、どこかブレヒト劇のプロットを想起させる）。ともかく主人公のヤクザの三下（長門裕之）は、その下働きをして一儲けしようとするのだが、結局はヤクザ同士の抗争に巻き込まれ、豚の大群（この描写は秀逸である）から逃げ出すものの、ピストルの弾に当たってトイレで汚物にまみれてむごたらしく死ぬ（主人公の死の場面は、どこかアンジェイ・ワイダ監督の一九五八年の《灰とダイヤモンド》を思い起こさせる）。「米軍」に依存し、その残飯にも依存して没落するヤクザたち――一九六〇年頃に撮影され、六一年に公開されたというのは、いかにもそれにふさわしい意味を持っている。

この映画でも、アメリカの水兵たちが港に上陸すると、当時、パンパンという蔑称で呼ばれた女性たちがいっせいに駆け寄り、彼らにしなだれかかり、媚びを売る。

松本清張原作の《ゼロの焦点》（野村芳太郎監督、一九六一年）では、そうした女性たちの運命にまつわる殺人事件が描かれるのだが、戦後の立川基地で取り締まりにあたった警官は、つぎのように語る――「パンパンなんて、じつに厄介なものだが、捕まえて調べてみると、それぞれ身につまされる事情を持っている。敗戦が生んだ、いわば一番悲しいみなし児だ」。敗戦後、ヨコスカのような基地で糊口を凌がなければならなかった多くの女性たちは、高千穂ひづると有馬稲子が扮する《ゼロの焦点》の女性たち同様、そうした暗い過去を背負って戦後の社会を生きなければならなかったのであろう。

《悪い奴ほどよく眠る》（黒澤明監督、一九六〇年）

部下に自殺を強要することで、上司とその陰にいる黒幕は引き続きのうのうと美味い汁にありつく、という、二一世紀の日本においてこそいかにも「アクチュアル」なプロットの映画である。しかも、この作品では、土地開発公団副総裁である岩淵（森雅之）は、みずからの娘（香川京子）をも欺いて娘婿（三船敏郎）の居場所を聞き出し、その娘婿とかつての部下をむごたらしく抹殺させるのであり、「組織」というものに潜む底知れぬ「自己保存の論理」が、サスペンス仕立てで切り裂かれる。

二〇一四年のロシアのアンドレイ・ズビャギンツェフ監督《裁かれるは善人のみ》もまた、権力を握る者の「全能の悪」を暴く作品である。町の裁判官・検察官・警察署長、それに教会の司祭をことごとく支配下に置く市長に盾突こうとした主人公は、すべてを失ったうえに、妻を強姦されて殺害されたうえに湖に捨てられ、その犯人に仕立て上げられて一五年の刑を言い渡される。怒り狂って喚き立てる市長の後ろに、プーチンの肖像写真が市長の顔と重なり合うように見える長いシーンは、この「寓話」を撮ったズビャギンツェフ監督の皮肉に満ちた意図によるものには違いないが、ともあれ、原題は《リヴァイアサン》であり、つまりは、権力という巨大な悪の怪物である。

ズビャギンツェフ作品が、寓話的な枠組みのなかで痛烈な弾劾の精神を放射しているのに対し、六〇年前の黒澤作品は、サスペンスとしての色彩が強いがゆえに、個々の人物の性格描写はいささか類型的で、彫塑的な陰影に乏しい。その意味では、《七人の侍》（一九五四年）、《蜘蛛の巣城》（一九五七年）、《赤ひげ》（一九六五年）といった作品群ほどの完成度の高さには達していないように思われる（およそ絶対的な指標ではないが、《赤ひげ》が三億六〇〇〇万という、当時としては破格の興収を得たのに対し、《悪い奴・・・》では五三〇〇万ほどにとどまったとされている）。

その《赤ひげ》では、たしかに三船敏郎演ずる「赤ひげ」と、その弟子である保本登（加山雄三）が主人公ではあるが、彼らはいわば狂言回しであり、じっさいには、香川京子の「狂女」、二木てるみのおとよ、根岸明美のおくに、そして桑野みゆきのおなかが、それぞれのエピソードの主役を担っており、彼女たちの演技の見事さには、つねに圧倒されてきた。とりわけ、当時十六歳ぐらいだったであろう二木てるみは、おそらくは一度として笑ったことも愛されたこともなく、ただただ他人から虐待され、差別されて育ってきた少女おとよを演ずるのだが、布団から起き出した彼女の横顔の眼の辺りに、抑えられたライトが当たるシーンで（じっさいには、横顔がライトの当たる位置まで正確に移動するよう、黒澤監督に厳しく指示されたのであろうが）、らんらんと光を放つ、反抗的で悲しみに満ちた野生の目は、ライティングの巧みさと相俟って、強烈な印象を与えないわけにはいかない。

《裸の島》（新藤兼人監督、一九六〇年）

新藤兼人監督は、ともかく高齢にいたるまで、膨大な作品を創り続けたことでも知られるが、一九六〇年のこの《裸の島》は、そのなかでも特別な意味を持っている。新藤監督たちが立ち上げ、創造活動を維持してきた「近代映画協会」は、その時期、いよいよ財政的な破綻に直面しつつあり、この映画は、協会の「解散記念」として撮られたものだったからである。しかし、この作品は、モスクワ国際映画祭グランプリをはじめ幾多の国際的な映画賞を受賞し、世界の数十の国の配給会社から上映権の取得依頼が相次ぎ、彼らはそれまでの借財をすべて清算し、なお映画製作を続行することが可能となったのである。

当然のこととして低予算で、夫婦（殿山泰司、乙羽信子）と二人の男の子のみのキャストで、スタッフといっしょに合宿して撮られた映画であるが、ともかく黒田清己キャメラマンの撮影は美しく、彼らが住む島やその周辺、海、彼らの労働の場である島の細い山道、そして、彼らの労働の場面そのものの映像は、すべてが「絵」としての完璧さを備えている。

二人の労働は、桶に汲んで隣りの島から舟で運んで来た水を、踏み外せば下まで転げ落ちてしまうような島の急斜面の細い道を、一歩一歩、踏みしめながら、天秤棒で担いで延々と運び、貧しい野菜に与えることである。

はじめは、前後に水桶を下げた天秤棒を、役者の二人には持ち上げることさえできなかったという。やがて、肩が腫れ上がり、出血するが、それでも何日かの訓練を経たのち、運び上げることができるようになったとのことである。舟を漕ぐシーンでも、殿山は運動神経がからっきしだめで、およそバランスを取る能力が欠如しているために使い物にならず、じっさいに漕ぐシーンは、乙羽信子のカットのみに限定したという（タカラジェンヌは、当然、卓越した運動神経を持っていたであろう）。

台詞は、いっさい、ない。ただ、長男を病気で失った時、母親の号泣が、長く激しく尾を引いて響き渡るのみである。

描かれるのは、日々繰り返される労働と、労働の後の団欒と、ほんの時折り、家族で舟で尾道に行って過ごす外出のみであり、つまりは、労働と家族のみである。この作品が世界的に高い評価を得たのは、もちろん、その映像の簡潔をきわめた美しさにもよろうが、労働と家族という、いついかなる時代や地域にも共通する、人間の生存に不可欠な要素のみを映像化したことにあるであろう（台詞がないがゆえにこそ、その普遍性が際立ったということもあるに違いない）。

それから数年後に撮られた新藤兼人監督の《鬼婆》（一九六四年）は、南北朝時代の芒（すすき）の原が舞台であり、しかも夜のシーンが多い。南北朝時代の芒の原に光源などあろうはずはなく、「絵」を作るのにはさまざまなテクニックが用いられたことであろう（もっとも、映画人にとっては、そうした状況は「日常」のことに過ぎないのかも知れないが）。

芒の原

風が出て、魔物のようにゆれる芒のなかを、若い女は獣のような早さで駆けて行く。

白い脚。
乱れる黒髪。
駆ける。
駆ける。
駆ける。

（《鬼婆》、シナリオ、『新藤兼人の足跡―3』、岩波書店）

シナリオは、これだけである。

「若い女」の吉村実子は、同じ小屋の義母（乙羽信子）のもとを逃れて、戦死した夫の戦友だった男（佐藤慶）のもとへ、束の間の解放感と性の欲望とを全身に漲らせて、芒を掻き分け、掻き分け、ひたすら突っ走る。彼女には、横から弱いフラッシュのような光が短いカットとともに当たり、林光の沸き立つような音楽が躍動する姿に随伴する。芒の原に光源はないが、つまりは彼女自身が光源となって「絵」を創るのである。

《鬼婆》、翌六五年の《悪党》、六八年の《藪の中の黒猫》は、新藤監督が六〇年代にモノクロで撮った時代劇作品であり、《午後の遺言状》（一九九五年）とともに、きわめて完成度の高い作品群である。

《人間の條件》（小林正樹監督、全六部、一九五九／六一年）

一九六〇年前後には、小林正樹監督の《人間の條件》と、内田吐夢監督の《宮本武蔵》という、およそ九時間半におよぶ大作が創られ、一九七〇年から七三年にかけての山本薩夫監督の《戦争と人間》とともに、日本の映画史のなかでは、おそらく最も規模の大きな作品群を形成している。

《人間の條件》――主人公の梶は、つねに選択不可能ななかで選択しなければならぬ立場に追い込まれ、良心の呵責と現実の行為との絶えざる対立を身に受けることを強制される。わたしなどは、彼にあってのその選択の不可能さのゆえに、映画の進行とともに、しだいに息苦しさを覚えることになるほどである。梶を演ずる仲代達矢は、「梶のような人物は、当時、あるいは、満州の鉱山や軍隊にいたかも知れませんが、そういう人物は、すぐにつぶされたんでしょうね」と語っているが、人間の良心の存在が許されぬところで、いかに人間たることができるか、という問いの連続こそは、この作品の核心であり、海外でこの映画がきわめて高く評価されたのは、まさしくその息もつかせぬ問いの連続のゆえだったのではないかと想像される。

《宮本武蔵》(内田吐夢監督、一九六一〜一九六五年)

吉川英治原作の作品であるから、武蔵(中村錦之助)と小次郎(高倉健)の「巌流島の対決」における武蔵の勝利で全五部の長丁場が終幕を迎えるのは、ある意味では当然であるが、しかし、この映画では、その勝利そのものが苦い後味を残すものとして描かれる。かの一乗寺下り松で、たしかに七三対一という凄まじい対決だったとはいえ、吉岡源次郎という一三歳の少年を斬ったことへの自責の念にも苛まれながら、「剣の道」なるものが、結局は多くの人間たちを斬り殺すものでしかないのではないか、剣は、たんなる武器ではないか、と反芻する武蔵が、ラストの「絵」のなかに消えていく。小舟で船島に向かう直前、十年にもわたって彼に逢うために生きてきたお通に、武蔵は、「剣は無情だ」と言うのだが、お通は、「無情なのは、剣ではなく、あなたの心です。どうか、むごたらしい斬り合いなどは、今日限り、やめてくださいと」と訴える。入江若葉のお通は、全編を通じて受け身な女性のように撮られているのであるが、ここでは一転、強いまなざしで武蔵の生き方を非難するのであり、この苦い色調が、「内田版武蔵」を異色なものにしている。

「一乗寺下り松」での、モノクロによる長回しの凄絶な殺陣は、監督とキャメラと殺陣師と役者の綿密なリハーサルのほどが偲ばれるとともに、その見事なキャメラ・ワークに圧倒される。岩崎加根子演ずる吉野太夫が、短剣で琵琶を叩き割ってその内部を武蔵に示し、その構造が、人間が生きていくうえでの心構えというべきものと共通するのではないか、と語る遊郭での長いシーンでは、舞台役者である岩崎の卓越した台詞廻しを聞くことができる。

時代劇というジャンルにおいて、いわゆるチャンバラ映画もしくは「明朗時代劇」の時期が過去のものとなり、たとえば小林正樹監督の《切腹》(一九六二年)や《上意討ち—拝領妻始末—》(一九六七年)、今井正監督の《武士道残酷物語》(一九六三年)に代表されるような、封建的権力社会のなかでむごたらしく圧殺される武士とその家族の悲劇を描いて、逆にそこから個人を抑圧する現代の社会を批判的にとらえようとする意志が閃く作品群が生み出されるなかでは、たしかに、「剣の道に生きるヒーロー」というだけでは、武蔵という人物の人間としてのイメージがリアリティーを持たぬものとなったとも言えるであろう。

一九五四年から五六年までの稲垣浩監督の《宮本武蔵　三部作》は、三船敏郎の武蔵、鶴田浩二の小次郎、八千草薫のお通、岡田茉莉子の朱美というキャスティングであるが、木暮実千代扮する吉野太夫を含めて、女性陣の衣装と結髪がいかにも桃山時代風の美しさを放ち、たしかに本阿弥光悦の生きた時代が舞台であることを想い出させるのであるが、くわえて、お通と朱美の人物描写も、むしろ内田版より豊かに造形されているように、わたしには思われる(入江若葉が一八歳の新人としてデビューするのに対して、八千草薫は宝塚出身のプロフェッショナルだったという差異もあるであろう)。

内田監督が、中村錦之助の忠兵衛、有馬稲子の梅川で撮った《浪花の恋の物語》(一九五九年)は、片岡千恵蔵が近松門左衛門に扮し、梅川忠兵衛の悲劇の顛末を遊郭のなかから眺めながら、人形浄瑠璃(《冥途の飛脚》)を書き上げる、という筋立てで進行する。遊女の身である梅川が吐く、「カネが仇の世の中」という悲痛な台詞がこの映画を支配するのであり、それというのも、現金を運ぶ飛脚が封印を切って横領することは死罪を意味し、そしてまた、遊女は所詮、借金にまみれて遊郭で身を売る以外に生きる術はないからであり(「毎日毎晩、われとわが身を切り売りする、まるで反物や」)、そして、それこそが愛する二人の運命にほかならないからである。

溝口健二監督の《近松物語》(一九五四年)、篠田正浩監督の《心中天網島》(一九六九年)、増村保造監督の《曽根崎心中》(一九七八年)とともに、この映画は「近松物」の代表的な作品群に属しており、とりわけ有馬稲子の梅川は名演である。

《秋津温泉》(吉田喜重監督、一九六二年)

この作品は、「岡田茉莉子出演一〇〇本記念映画」と銘打たれて世に出たものであり、興行的にもそれなりの成績を収めたとされるのであるが、わたしの最も嫌いなタイプの映画である。肺病病みの優柔不断な小説家と優柔不断な秋津温泉の女性が何年か交際し、最後は女性の自殺で終わる、というのは、いかにも月並みで、林光の、後期ロマン派の出来損いのような音楽も冴えず、撮影途中、病気のために降板した芥川比呂志に代わる長門裕之も、しがない三文文士には見えない。

「一〇〇本記念」ゆえに、企画・衣装・主演が岡田であるが、当時、彼女は二九歳ぐらいであり(前後して、小津監督の遺作《秋刀魚の味》に出演している)、要するに、一九歳ぐらいから年に一〇本のペースで映画に出演していたということである。

この頃まで機能していた撮影所システム+スター・システムでは、男女のスターたちは、いろいろと組み合わせを変えて(あるいは変えずに)、月に一本ぐらいのペースで映画を撮り、「巨匠監督」のお眼鏡にかなえば、年に一本とか二本、彼らの作品にも出演する、という体制であったから、岡田茉莉子に限らず、当時のスターたちは、ほとんどのべつ幕なしに撮影に参加しており、二〇代の終わりで一〇〇本に達するというのも、理由のあることであった。

岡田のプロデュースで吉田喜重の監督ということならば、ジャン=リュック・ゴダールの向こうを張るような意味不明の作品をと、わたしは思うのだが(吉田監督は、六〇年には《ろくでなし》を取り、六三年には、職場を集団で転々とする非正規労働者の若者たちを描く《嵐を呼ぶ十八人》を撮っている)、この《秋津温泉》は、なんとも古風な趣きの作品になっており、同じ女性の一代記に近い作品であれば、二年後に公開された、乙羽信子の母と岡田茉莉子の娘とのほとんど救い難い関係の変遷を描く木下恵介監督の長大な《香華》(有吉佐和子原作)の方に、より親近感を覚える。

有馬稲子、久我美子とともに、独立プロである「にんじんくらぶ」を立ち上げた岸恵子は、二〇一〇年にいたって、「なんと恋しい時代だったことでしょう。日本映画が燦然と輝き、群れなす巨匠たちが、競って、映画史に残る名作を生み出した、まさに黄金期」と、五〇年代から六〇年代、若かりし彼女たちが活躍した時代を回顧する(『「にんじんくらぶ」三大女優の軌跡、エコール・セザム』)。

一九五八年の映画館数は七〇〇〇館を超え、映画製作本数も五〇〇本を数え(一九六一年の五四八本がピーク)、年間映画観客数も一一億二七〇〇万人に達するものの、それをピークとして映画観客数は下降に転じ、わずか五年後の一九六三年には、ピーク時のほぼ半分にまで激減する。新東宝は、すでに一九六一年には倒産するのであるが、きわめて象徴的に当時の映画産業の衰退を示しているのは、六二年には川口浩が退社し、六三年には長谷川一夫が引退し、同じ年、山本富士子を排撃(解雇)して、「五社協定」の名のもとにあらゆる映画会社への出演を禁止し、六八年には田宮二郎を同じく解雇し、病躯に鞭打って眠狂四郎を演じ続けた市川雷蔵は三七歳の若さで一九六九年に亡くなり、つまりは、中心部分を(半分はみずから)つぎつぎに失った大映が、もぬけの殻のようになって七一年に倒産したことである。

映画産業自体はそれこそジェットコースターのごとくに奈落の底へと突き進むものの、一九六〇年前後を一つの枠として見れば、ほかならぬ「群れなす巨匠たち」が、まさしく百花繚乱の作品群を世に残していることは瞠目すべき事実である。とはいえ、吉村公三郎監督のいささかブラックなユーモアを忍ばせた言によると、映画会社は、「どんな映画を出しても一応利益のあがった頃は、多少とも余裕があったので、ひどい損をしなければ『芸術的であってもかまわない』というわけで」、「安心していわゆる巨匠連の『道楽』も大目に見た」のであり、「映画会社からみたらこうした『道楽』仕事の中の佳作が、国際的にも日本映画の名を高め」ることとなり、「小津安二郎、溝口健二、内田吐夢などの巨匠連は、娯楽だけを目的として作られた映画の稼ぎの上に胡坐をかいて『芸術』を作っていた『極道息子』で、私なんかはその尻馬に乗ることだけを考えていたにすぎない」(前掲、『映像の演出』)。予算と期日をきちんと守り、会社の立てたスケジュールに即して大量生産されるプログラムピクチャーを「土台」とすれば、「極道息子」たちの一連の「芸術祭参加作品」やその類の映画が「上部構造」をなして、世界の映画史にその存在を刻み込んだのである。しかし、テレビがそうしたプログラムピクチャーを駆逐し、米仏の洋画が映画人口のかなりの部分を「強奪」する時、その「土台」は崩壊することになる。メフィストの言を借りれば、「理論なんざ、所詮は灰色の退屈な代物、緑の光沢を放つのは、生きた人間の黄金の樹だ」とばかりに、緑なす人間の生き生きとした実在を追い続けた「極道息子」たちも、「土台」なきところではその存在の基盤を失うことになり、日本において芸術創造が社会的にそれなりの地歩を築いた、おそらくは唯一の、儚くも束の間の時代は、その終焉を迎えることになる。

方言格差をつくる方言研究
―「西高東低」をめぐって―

熊谷　滋子

方言の研究をめぐっては、個別方言の発音、語彙、文法特徴やそれらの変化、あるいは方言間の共通点や相違点からみた方言相互の関係性、干渉の度合い、また共通語化の程度など、多様な面から調査分析が行われ、東条操に始まる膨大な蓄積があります。他方で、これまでの研究のあり方や研究態度に対して、社会的歴史的視座から迫る安田[1999]のような探究もはじまっています。

今回取り上げたいのは、方言同士の「ものの言い方」を比較し、「西高東低」と称して、西日本方言が上で東日本方言が下とみる研究姿勢についてです。この表現は日本列島の気象現象のみならず、様々な社会や文化についても用いられてきたことはよく知られています。方言研究にも顔を出します。これまで、特に敬語について、近畿を中心とする西日本方言が豊かで、東北を典型とする東日本方言はそれほどでもないという「見立て」を端的に示すのに用いられてきました（芳賀[1973]、吉岡[2003]）。最近では、小林・澤村[2014]『ものの言い方西東』において、「ものの言い方」の方言差を示すのにも使用され、近畿を中心とする西日本地域が発達し、一方、東北を典型とする東日本地域が未発達だと論じています。

特に小林氏は東北大学で教鞭をとり、東北方言を中心に研究調査を長年行ってきており、今や東北方言研究の第一人者です。氏は日本語の歴史に詳しく、伝統的なテーマである発音や語彙、文法にとどまらず、分析対象を談話レベルに広げ、配慮やコミュニケーションといった最新のテーマにおいて精力的に方言研究を行っています。東日本大震災後は、方言話者や方言が消えていくという危機感のもと、方言をできるだけ残そう、方言で励まし合おうという取り組みもしています。以下に最近の著作のごく一部を紹介します。

- 小林隆・篠崎晃一編[2010]『方言の発見』ひつじ書房。
- 東北大学方言研究センター[2012]『方言を救う、方言で救う　3・11　被災地からの提言』ひつじ書房。
- 小林隆・澤村美幸[2014]『ものの言い方西東』岩波新書。
- 小林隆編[2014]『柳田方言学の現代的意義　あいさつ表現と方言形成論』ひつじ書房。
- 小林隆編[2018]『コミュニケーションの方言学』ひつじ書房。
- 東北大学方言研究センター[2019]『生活を伝える方言会話　分析編、資料編　宮城県気仙沼市・名取市方言』ひつじ書房。

このことから、東北方言のみならず、東北地域、東北方言話者について深い理解と共感をもって方言研究に取り組んでこられたと思っていますが、氏や氏が中心となってまとめた一連の著作を読むほどに、「ものの言い方」にまで東北方言を日本列島の方言の中で下位に位置づけようとしているように感じられ、違和感を覚えるようになりました。

私は、拙著[2020]「方言敬語の語られ方と近代主義——方言研究にみる近畿中心主義」において、歴史的に古くからあるとされる特に「敬語」について、かつて都のあった近畿地域が充実しており、そこから地理的、かつ「文化的」にも遠いとされる、特に東北地域は薄いという考え方が方言研究の主流をなし、継承されてきた状況について再考しています。「敬語」は相手への配慮を言葉であらわすものとされ、敬語が「豊か」な地域ほど細やかな配慮文化をもっているとみなす敬語観は、言語のみを分析する形式中心主義とかつての都があった近畿を中心にすえる近畿中心主義が根っこにあるとまとめています。この敬語観を、小林・澤村[2014]は、「ものの言い方」に応用していきます。今回はこの著作を中心に、小林・澤村らの基本的な方言観、つまり方言差を「西高東低」として方言間に格差をつくり、また世間のステレオタイプを再生産するような見方を再考したいと思います。今回は、小林・澤村[2014]を何度も言及するため、あたかも小林氏や澤村氏のみを批判しているような印象を与えるかもしれませんが、あくまでも彼らに象徴されるような主流の、第一線の方言研究の基本的姿勢について再検討することが目的です。方言をもとに当該社会のありようを見ていくには、当該言語共同体の人間関係や社会文化といった、言語をとりまく文脈を十分に考慮に入れてなされるべきであるという、当たり前といえば当たり前のことを確認したいと思います。今回は拙論[2020]と一部重複する点があることをあらかじめお断りします。

1．小林・澤村[2014]の基本的な考え方

小林・澤村[2014]は、柳田国男の提唱した方言周圏論、かつて都があった近畿を中心にすえ、そこからことばが周縁に同心円状に伝播していくという考え方をもとに方言を比較しています。一方、方言研究では言語特徴から日本列島を大きく西日本と東日本に分けてとらえる考え方もあります。小林・澤村[2014]では、「ものの言い方」について、この東西の差異を組み入れながら、特に近畿と東北を、いわば中心と周縁の典型として考察しています。

それぞれの地域と社会背景を以下のように関係づけています。

西日本、特に近畿が発達 ⇕ 東日本、特に東北が未発達
　都市型社会　　　　　　　農村型社会
　民主的な社会　　　　　　上下関係のある社会

　小林・澤村[2014]では、西日本を中心とし、東日本を周縁に置きながら、同時に、関東地域（特に東京）の都市部を中心に、九州や沖縄、そして農村部を周縁に組み入れていきます。その上で、中心と周縁を時代区分にあてはめます。彼らによると、発想法に顕著な変化が生じてくるのは「中世以降」であり、各言語地域が以下のような時代区分に相当すると述べています。ここでいう中央語とは「長く日本の中心であった奈良や京都・大阪など近畿中央部の言語」（小林・澤村[2014]193）のことです。

言語的発想法が発達した時代＝「近代」
言語的発想法が未発達な時代＝「古代」
（小林・澤村[2014]206）

近畿を中心とした西日本、および関東
　→中央語の「近代」的状態と対応
関東を除く東日本と九州・沖縄、特に東北
　→中央語の「古代」的状態と対応
（小林・澤村[2014]207）

特に東北は中央語の「古代」的状態（「未発達」状態）の地域の典型とみています。

　小林・澤村（[2014]165）が方言差として注目する発想法は、以下の七つであり、それぞれの特徴は私が簡単にまとめました。

〈ものの言い方の発想法〉
①発言性　言葉で伝えるか
②定型性　場面に応じて決まった言い方があるか
③分析性　場面を細かく分け、それぞれに専用の言い方があるか
④加工性　間接的な言い方をするか
⑤客観性　感情を抑制して客観的に話すか
⑥配慮性　相手への気遣いを言葉で伝えるか
⑦演出性　会話を演出しようとするか

　右の七つの特徴が最もあるのが近畿方言で、一番ないのが東北方言と考え、以下のように述べています。

　どの発想法においても近畿は発達が著しく、東北は未発達の状態にある。この二つの地域は、言語的発想法から見たとき、発達と未発達の両極に位置する典型的な類型として把握することができる（ここで言う「発達」「未発達」が価値の優劣ではないことは、一言断わっておこう）。
（小林・澤村[2014]169）

　ここでは「発達」「未発達」は価値の優劣ではないと断わって

いますが、いずれにしても、方言差を多様性ではなく、発達差としてとらえていることが特徴的です。

2．問題点

これまでまとめてきた大まかな方言観について、以下の五点からより具体的に懸念を指摘します。

2-1　方言周圏論、近畿中心主義

小林・澤村[2014]は、方言周圏論を「ものの言い方」のレベルにまでひろげ、共通点よりも相違点を中心に東西を二項対立的に分析します。

周圏論は、かつて都のあった近畿を特別視することになりますが、まず、言語地理的な視点から、大西[2016]173～181）が、「方言周圏論の出発点である「かたつむり」の分布には、「周圏」的性質を高らかに謳うための客観的根拠が乏しい」と方言周圏論自体の問題を指摘し、「同じ場所が繰り返し言語変化の出発地点となることは、きわめてまれではないか」と述べています。

また、日高[2014]247）は、「周辺」の言語変化が「中心」に伝わる事例を紹介しながら、「近畿方言を見る際に、「中心」（畿内）の優位性が絶対視されてきた」としています。大西や日高は「ものの言い方」については特に言及していませんが、近畿を中心にすえる「ものの言い方」研究にも十分にあてはまるものがあると思われます。小林・澤村[2014]のあげる七つの特徴はこれまでにない視点から方言をとらえており、従来の方言論に一石を投じました。しかし、どうしても「西高東低」を前提とした特徴づけになっているような気がしてなりません。

2-2　発達観

西日本地域が発達し、東日本地域が未発達とする発達観は、言語の型と社会文化を発達から結びつけた比較言語学におけるシュタインタールと共通した見方をしています。シュタインタールは世界の言語を、孤立語、粘着語、屈折語（この順に発達していると考えました）の三つに分類し、屈折語である印欧語族が一番発達していると主張しました（高津春繁[1992]）。が、この発達観では、英語が屈折語から孤立語に変化していった、つまり逆もどりしたことを説明できず、破綻しました。この発想は、どの言語も完璧であり、対等であるとする現代の言語観とは相いれないものです。「ものの言い方」についてもいえることだと思います。

繰り返しますが、小林・澤村[2014]では、「発達」「未発達」は価値の優劣ではないと断わっていますが、子どもの成長と同じく、ゆくゆくは東北方言もいつか近畿方言と同じ段階まで発達し、いずれ同じ「ものの言い方」になるというのでしょうか。

2-3　データの扱い

小林・澤村[2014]で扱う方言データは、一九五〇年代の方言資料もありますが、一九九〇年代から二〇〇〇年代に行われた方言調査（アンケートを含む）など、最近のものも多く含まれています。方言周圏論を唱えた頃の、いわば陸地中心の情報伝達の時代と違い、ラジオ、テレビ、インターネットなどによって、どこにいても瞬時にして情報が得られ、また東京からの情報発信が中心となっている今日にまで、方言周圏論を一律にあてはめて解釈することが、はたして妥当なのか疑問に思えます。

また、提示されたデータも多分に「西高東低」にそったものが見受けられます。たとえば、発想法②の定型性をめぐり、関西は型にはまっていて、東北はそうではないという例として、不祝儀のあいさつ（一九五〇年代の『全国方言資料』で収録されているもの）をあげていますが、関西は、商人の町といわれる大阪の船場、一方東北は、農村地帯である秋田の南秋田郡富津内村で収録されたものを扱っています。これらをもとに、大阪のあいさつは「丁寧なやりとり」「格調の高さ」（三二一頁）がみられるのに対し、秋田のあいさつは「表現も簡略で普段の会話と変わらないやりとり」（三二五頁）とし、「東北では挨拶の型に当たるものが、関西に比べて十分成り立っていない」（三二六頁）と主張しています。

当時収録された資料がこれしかなかったということを加味しても、これらのデータは、地域差だけではなく、商業、農業という職業差も影響している可能性があります。関西でも農業地域もあり、東北でも商業地域もあるはずなので、少なくとも職業を統一した上で比較すべきだと思います。「発達した」近畿では商人の町を、「未発達」の東北では農村地域を比較するのは、あたかも、中産階級の白人と労働者階級の黒人の言葉遣いを比較し、白人に比べて、黒人の言葉遣いが粗野だという、世間のステレオタイプにそうような、あやまった一般化を導いてしまう可能性がでてきます。データ自体を精査した上で、比較してもらいたいと思います。

2-4　形式中心主義

小林・澤村[2014]では、「発想法」⑥の配慮性のもとで、「配慮表現」を検討していますが、言語で表現されたもののみを分析対象とし、表情、物腰、態度、物のやりとり（おすそ分け）など言語外の、当該地域に特有の「配慮」文化のありようについては一切考慮していません。「言葉による配慮に神経質なまでに気を遣う近畿と、そうしたことには無頓着な東北」（小林・澤村[2014]127）を示す例として、たとえば、人に何か頼むとき、「悪い！」「悪いんだけど」と言うのは、「東日本に偏」り、「悪い」というのは「善悪を宣言するものであり、非常に素朴な表現」（一三一頁）とみなしています。また、相手に何かしてもらったとき、「助かった」「よかった」というのは「それ自体はお礼の言葉ではない」「感謝を言葉にするのではなく、自分自身の安堵感を口にしている」（一三六頁）だけだと解釈しています。東北方言話者の私は、「悪い」「助かった」「よかった」なども、「申し訳ない」「ありがとう」と同じくらいの恐縮や感謝の意味を込めて使っているつもりなので、このような解釈にはどうにも納得できません。

また、周知のように、「ありがとう」という表現が常に感謝の表現のみならず、単なるあいさつやその場しのぎの返事、はたまた相手への拒否や皮肉を伝えていることもあります。言語の意味は発話の場の状況、発話者の関係などを総合的に考慮しないと特定することができません。特に「配慮」表現などを取り上げる場合はなおさらです。ただ黙ってそばにいてくれる方があれこれ言われるよりもよほど「配慮」を感じるかもしれません(1)。繰り返しますが、配慮というのは、言語的なものであらわされるものばかりではなく、非言語的なものを含め様々な形で表現されるものなので、当該方言地域の人間関係や文化を十分に理解した上で分析していかないと、従来のステレオタイプ（たとえば、東北方言は「素朴」）を助長してしまうことになりかねません。一般的にこのことは、言語形式をもっぱら研究対象としてきた従来の言語研究の課題や限界ともいえ、私自身も常々苦慮してきました。自戒を込めてですが、「配慮」のような現象を十全に捉えていこうとするためには、言語形式だけでは不十分だと思います。社会的歴史的なより広い考察が不可欠なのではないでしょうか。

2-5　世間のステレオタイプの再生産

小林・澤村[2014]は、世間のステレオタイプに合うデータやエピソードをあげて、「西高東低」とするところが見受けられます。今回は特に「発想法」の①発言性、④加工性、そして⑦演出性についてみていきます。

まず、①発言性（口に出す、言葉で伝える）についてみてみます。たとえば、無口、口数がすくないとする東北人に対して、関西人はおしゃべりだとする証拠として、五カ所でのアンケート調査（尾崎[2011]）をあげています。その中で、「かなりおしゃべりだ」「おしゃべりだ」とする項目の割合を表1で示す。

また、表2は、会話の中での沈黙が気になるかについて、六カ所で行った調査（陣内[2010]）を示す。

表1、2から、大阪人が一番「おしゃべり」で「沈黙が気になる」とまとめています。しかし、数値をみると、「おしゃべり」の方は名古屋や福岡も五十%台であり、「気になる」方は広島や高知も三十%台であり、大阪が一番ではあるものの、それほど大きな差があるわけでもありません。さらに、「東京以外の東日本、特に東北で同じ調査をしたならば、そこでは自分をおしゃべりだと意識する回答者の割合はぐっと下がるにちがいない」（十七頁）と推測していますが、データが無い以上、全くわかりません。付け足しとして、これらの調査はあくまで意識調査にすぎず、肯定的に回答した人が実際におしゃべりかどうかは別問題です。

次に、④加工性（表現が間接的か直接的か）についてみてみます。東北方言話者は口数が少なく、口に出したとしても、ぶっきらぼう、ぶしつけ、単刀直入な言い方をする傾向にあると述べています。たとえば、東北人の会話が短いということを示す、メディア（娯楽番組を含め）でもよく取り上げられる、「ドサ（どこへ）」「ユサ」（湯へ）」（八二頁）という会話例が、小林・澤村[2014]でもとりあげられています。「飾り気がなく、単刀直入」な東北の話し方とされています。まず、そもそもこのような短い会話

表1　自分はおしゃべりか？

（数字は割合を示す）

東京	名古屋	大阪	広島	福岡
49.5	52.2	54.4	41.0	50.2

（小林・澤村[2014]16 の図 1 を改変）

表2　会話の中での沈黙がとても気になる

（数字は割合を示す）

東京都	名古屋市	大阪市	広島市	高知市	福岡市
26.1	29.1	35.0	32.4	32.7	25.7

（小林・澤村[2014]17 の表 1 を改変）

は、東北地域に限る現象なのか、はたまた親しい間柄の会話にもよくみられるものなのか（これも世間でよくあげられる夫婦間での「フロ、メシ、ネル」といった短い会話）、近畿地域の「短い」会話は一つも検証されないまま、この会話だけが独り歩きしているように思います。ちなみに、東北方言話者の私は、この会話を一度も聞いたことがありませんし、使用したこともありません。

小林・澤村[2014]から四年後、小林氏は「ドサ」「ユサ」など津軽弁の会話が短い点について、「ずっと同じ土地で暮らしている人たちばかりなので全部言わなくても言わんとすることが分かるようになったのではないか」とコメントしています（『朝日新聞』「方言　ふるさとの芸術」二〇一八年十二月三十一日）。東北方言の発想法としての「単刀直入」のことは一切触れていません。見解が変わったのでしょうか。

また、東日本大震災後、気仙沼市の避難所において、支援者と被災者のコミュニケーションギャップが例にあげられています（二～三頁）。新潟から派遣された保健師が避難所で血圧測定していると、年配の男性が「ケツアツー」と言って入ってきて、この直接的な表現にびっくりしたという語り。また、神戸からきた介護士も「回りくどい言い方をせず、ぱっぱっと単刀直入に話す」、東京からの行政支援者は「飾り気のない言葉で、ポンと用件を投げかける」ようだという。横浜出身の介護士はあいさつしても返してくれないなど、これらの例を見る限り、東北方言話者は口数が少なく、ぶっきらぼう、ぶしつけな印象を与えてしまっているようです。しかし一方で、あいさつや感謝を丁寧に伝える東北方言話者は一人もいなかったのか、もしくは東北方言話者は皆が皆、常にこのような言い方、態度をしたのか気になります（Agha[2007]、Blommaert and Verschueren[1998]）。ちなみに、東北方言話者の私からみると、上であげた「ケツアツー」などの例について、この表現自体が即東北方言地域の話者の特徴を示しているのか、それとも被災地での被災者の特徴なのか（あれこれ回りくどい言い方をしない方が相手（支援者）の時間をとらないという一種の「配慮」）、他にもいろいろな解釈ができるようにも思えます。

東北人は無口でぶっきらぼうとする見方に関連して、今から半世紀前に、東北出身者による座談会での興味深いコメントを発見しました。出席者の一人である宮城出身の扇谷正造氏が「僻地人」（これは東北地方の中でも近代化に乗れない層の人たちを指していますが、この発言の直前に青森出身の寺山修司氏が僻地の人を「僻地人格」と表現しています）について、以下のようにエピソードを交えて語っています。

僻地人というのは、案外シャープな生活感覚をもっているんですね。たとえば岩手県の無医村にある大学の診療班が行って診察する。みんなボサーッとした顔して診療を受けて、注射してもらったり、もたもたしているんですね。診療班は引き揚げちゃう。引き揚げたあと、農村のおばさまたちが座談会をやるんですよ。それを聞くと、シャープなこと、もう。あのときの医者はこう笑った、あれは軽蔑していたからこういう反応をした、というようなことを言うわけですね。そうすると、一見不適応層と見られている階層も、実は彼らなりに生活の原則というものをもっているわけですね。あんなまっちろいことをいって、ヒューマニズムとか人道主義とかいってきたけれども、何だということなんですよね。そんなら、あの人たち、一冬暮らしてみればどだべや。一冬暮らして勝負しろということです。夏の暑いときに来て、なんぼいい思いをしていたべや、ということですよ。

そういう意味で、方言ということばの中には、たぶんに、方言もしくは方民に対する、マスコミがつくったイメージがあると思うんですよ(2)。

「ボサーッとした顔して診療を受けて、注射してもらったり、もたもたしている」という、まさに、小林・澤村[2014]があげた避難所での東北人の印象を彷彿とさせるものがここにもみられます。これは、支援や援助を受ける側の気持ちの一端をあらわしているとも解釈できます。都会からわざわざ田舎まで支援に来てくれたことに対する「気おくれ」(自分たちのズーズー弁も)がこういう態度になった可能性もあります。そして、表面的にはぶっきらぼうに見えても、支援者の様子は注視しているかもしれません。医者が帰った後の「座談会」までみないと、「本音」部分まで見極めることができないことを示しています(だからといって、相手の配慮文化を無視したような言語行動が認められるというわけではありません)。大牟羅[1958]8)では、自身が岩手の山村を行商して歩いたときのことをまとめ、「農民たちは、しがない行商人には嘆きを語っても、よそ者には口を閉ざしてしまう。なぜ黙っているのか。大声でみんなにものをいわないのか。いえば、かえって悪い結果になる、と思っているのだ」と見抜いています。「よそ者」に本音をいわない理由が語られています。むしろ、こういう点が東北方言地域などの「発想法」を解明する手がかりの一つになるかもしれません。

以上から、東北地域を近畿地域、もしくは中心地域における「配慮」を基準に評価づけしてしまうことの危惧を感じますし、また世間的なステレオタイプを助長する懸念を抱きます。難しいことですが、方言話者の「本音」にせまるような調査をすることが、「配慮」をめぐる言語行為を考える上で新たな知見が得られると感じています。

最後に、⑦演出性(「会話を演出しようとする姿勢」)については、世間でよく語られているが、「関西人・大阪人＝ボケとツッコミ、笑い」という特徴を論じています。「関西の学生にボケとツッコミの会話例を作ってほしいと頼」み、以下の会話が披露されたという。

A　最近寒くなってきたなぁ。
B　ほんまやなぁ。もうすっかり冬やなぁ。もうじきクリスマスやしな。
A　どうりで最近、クーラーつけてたら肌寒いと思った。
B　いや、気づくん遅いわ!

(小林・澤村[2014]149)

余談ですが、この会話について、静岡大学の学生たちに感想を聞いてみましたが、ボケとツッコミの妙がそれほど感じられないと語っていました。また、小林・澤村[2014]では、関西、大阪ではボケとツッコミなどの会話を演出するという証拠として、調査データ（表3）をあげています。

確かに大阪市が最高値を示していますが、東日本、東北地域のデータはなく、表3だけではボケとツッコミといった会話の演出を、日本列島の中で特に大阪人が好む特徴であると言いきれません。

表3　ボケとツッコミが好き（陣内[2010]）
（数字は割合を示す）

東京都	名古屋市	大阪市	広島市	高知市	福岡市
50.8	45.5	72.3	62.2	55.3	50.7

（小林・澤村[2014]146）の表6を改変）

ボケとツッコミというのは、近年メディアなどでよくみられる関西方言話者であるお笑い芸人のパターンとして知られていますが、必ずしも関西方言話者特有のものとは言いきれないとする考えが一方にあります。木津川計氏（『上方芸能』発行人、立命館大学教授などを歴任）は、ボケとツッコミや落ちがついていないとだめといった大阪人へのイメージがあることについて、それまでそのような大阪人に会ったことがないと語り、そのようなイメージを払拭するために『上方芸能』を発行しようと考えたと話していました（二〇一六年七月十六日放送、NHKラジオ第一、『土曜ホット』での語り）。井上[2018]は、予算の少ない在阪局が、「面白い」素人参加番組を作るしかなかったため、結果として、メディアが大阪の人は皆面白い人というイメージを流通させたと述べています。関西人（京都弁話者）である井上にとって、「テレビの世界で、関西弁が笑芸の公用語になっているせいだろう」とし、「東京の仲間は、大阪から出張できた自分を、漫才師のようにあつかいたがる。飲み会などで顔をあわすたびに、おもしろいことを言えとねだる者さえ、いなくはない」（二一四〜二一五頁）と迷惑顔です。

益田（[2017]26）も、大阪以外で、妙に「ボケとツッコミ」にこだわり、演技している大阪人に対して、「どこの方言でしゃべろうが面白くない人は面白くない」と綴っています。

さらに、日高[2018]は、「漫才のような大阪人の会話」は、メディアの影響があり、大阪人（の会話）のステレオタイプ化したイメージになっているが、「ボケとツッコミ」の役割については、「一定世代以降の大阪人には自覚的に行われているものの、古くから伝統的に意識・継承されてきたものではない」と主張しています。「漫才固有の役割関係を表す用語が日常語として一般化するのも、1980年代初頭の「漫才ブーム」を経たのちのこととみられる」（二四二頁）とし、大阪の高年層と若年層（二〇一一〜二〇一二年）と関東の若年層（二〇一四年）にアンケート調査を実施した結果、「大阪高年層においては、ボケ・ツッコミの会話に対する志向性は、若年層ほどには強く自覚されていない」（三五〇頁）とまとめています。つまり、ボケとツッコミは、1980年代の「漫才ブーム」以降の若者層の志向性であり、かつて都があった頃の近畿地域にみられた伝統的な発想法ではないということです(3)。

以上まとめると、発想法の特徴としてあげられた、①「東北人＝無口、関西人＝おしゃべり」④「東北人＝ぶっきらぼう、単刀直入」、そして⑦「関西人＝笑い、ボケとツッコミ」という特徴は、世間で流通しているイメージやステレオタイプにそったものではないかという懸念が残ります（4）。

3．配慮性の弱い東北方言会話という見方

最後に、発想法の⑥配慮性について、その後、具体的な調査を行った小林[2019]をとりあげ、氏の解釈を紹介したうえで、東北方言話者である私の解釈を示します。この論文は、これまで論じてきた氏の考えが端的にまとめられている最新のものと思われたので検討してみたいと思いました。重箱の隅をつっつくようで心苦しいのですが、しばらくおつきあいください。

3-1　データ：ロールプレイ

この論文は、東北の宮城県名取市方言と気仙沼市方言の依頼会話（人に何か頼む場面での会話）の特徴を明らかにすることを目的としており、今回は気仙沼市方言をとりあげます。気仙沼市の生え抜きのAさん（女性、当時七二歳）とBさん（男性、当時七二歳）にロールプレイをしてもらい、分析しています。会話には筋書などはなく、テーマを出しただけで、具体的なやりとりは任せているということです。

提示した場面設定は以下の通り（小林[2019]205）。

【AとBは近所に住む友人という設定でお願いします】

Aが親戚からたくさんサンマをもらって帰ってきました。ところが、たくさんもらいすぎて重かったため、家までもう少しのところまで来て疲れてしまい休んでいました。ちょうどそこにBが通りがかったので、家まで一緒に運んでほしいと頼みます。そのときのやりとりを実演してみてください。

Bが受け入れる場合

以下が、実際の会話です。なお、方言の原文はカタカナ表記されていますが、ここではひらがなにして読みやすくします。カッコ内は提示された共通語訳です。数字のついた太字部分は小林氏が注目する箇所で、傍線部は私が注目する箇所です。

A　Bさーん　あだし　これ　さんま　もらって、いっぱいもらいすぎだ**やー①**。
（Bさん　私　これ　さんま　もらって、いっぱいもらいすぎたよ。）

B　なーんと　**どっさりでー②**。
（なんと　どっさりで。）

A　**んだがらー③**。あの　もじきれねもんだがら　もってすけてもらっていーべがねー。
（そうなんだよ。あの　持ちきれないもんだから　持って[助けて]もらっていいだろうかね。）

B　あんだのごっだから　**よぐたげだんだべよ④**。
（あなたのことだから　欲張ったんだろうよ。）

A　**んだがらー③**。なーに　いっぱい　もってげもってげってゆーがらね
（そうなんだよ。なに　いっぱい　持って行け持って行けっていうからね）

（B　うん）だれがさ　あげてもいーがどもって　もらったのっさ。
（B　うん）（だれかに　あげてもいいかと思って　もらったのさ。）
B　あーあー。　いー　いーがすよ　もってすげっがら。
（あーあー。××　いいですよ　持ってやるから。）
A　はー。ほんで　**たすかるがら⑧**。　（B　うん）　Bさんもはんぶん　もってってけらいん。
（はい。それで[は]　助かるから。　（B　うん）　Bさんも半分　持っていってください。）
B　**なーぬ　いーがすー⑨**。**ここで　わげるすか⑤**。
（なに　いいです。　ここで　分けますか。）
A　んだねー。　（B　うん）　もじきれねがら。（Bうんうんうんうん）たべきれないしー。
（そうだね　（B　うん）　持ちきれないから　（Bうんうんうんうん）　食べきれないし。）
B　ほんでぇ　こごで　わげっが。
（それじゃあ　ここで　分けるか。）
A　んだねー。
（そうだね。）
B　うん　そーすれば（A　あー　や）　**あんだも　らくだいっちゃな⑥**。
（うん　そうすれば（A　あー×）　あなたも　楽だろうな。）
A　んだねー　（B　あー　や）　**もーしわげねーけっど⑩**　んで。
（そうだね　（B　あー　×）申し訳ないけれど　それで。）
B　**おらいどご　ちょーど　さんま　きれだがらっさ⑦**。
（うちで　ちょうど　さんま　なくなったからさ。）
（A　あー　ほんで　いがっだや。）　うん　うんうん
（A　あー　それで[は]よかったよ。）（うん　うんうん）
A　はい。
（はい。）
B　ほんでねー。
（それで[は]ね。）
A　はいはい。
（はいはい。）
B　**ありがとーねー⑪**。
（ありがとうね。）
A　はーい　**かえって　ありがとござりしたー。⑪**
（はい　かえって　ありがとうございました。）

3-2　小林氏の解釈

小林氏は、以下の三点にわたって、解釈を提示しています（小林[2019]208〜210）。

（1）感動表現による共感の形成

「やー」（終助詞）①「どっさりでー」②「んだがらー」③（「それだから」に当たる接続詞の応答詞化で、相手への同意を示す）などに、強い共感の気持ちがだされています。「共通語感覚からするとやや大げさなものに感じてしまう。気持ちが前面に押し出

された会話のようにも見える」としています。

（2）相手を非難する発話

「よぐたげだんだべよ」④（欲張ったんだろうよ）について、相手への非難や茶化す意図がみられます。「「欲張る」という、相手にとって都合の悪いマイナス面に踏み込む発言は、筆者の共通語感覚ではかなりきつい言い方」であり、「共通語では避けられるのが普通」としています。

（3）率直な話しぶり

「ごごでわげるすか」⑤（ここで分けますか）という発言は、「遠慮のない提案」をしており、「あんだもらくだいっちゃな」⑥（ここで分けた方が）あなたも楽だから）というのは、「恩を売るような発話にも見え」ます。さらに、「おらいどご　ちょーど　さんま　きれだがらっさ」⑦（私の家では、ちょうどサンマがなくなったから）という言い方は、「相手への配慮というよりは、自分にとって好都合であることを正直に述べている」言い方です。したがって、「共通語の感覚では」、「ストレートで率直な発話態度を感じ」、共通語であれば、「もう少し遠慮がちで控えめな言い方をするのではないか」と考えます。

（4）配慮性の弱い会話

「申し訳ないが」「悪いけど」などの恐縮表明や感謝表明が欠如しており、共通語ならば、「すみませんが、持ってもらえませんか」を添えるのが一般的です。つまり、何かしてもらったら、「ありがとう」などの感謝表明が行われるのが普通です。また、「「助かる」⑧という言葉は窮地から救われるという意味であり、自分の立場を説明したものに過ぎない。「ありがとう」のように相手に向けられた感謝の表明とは異なり、あくまでも自分本位の表現」です。

さらに、「なーぬ　いーがすー」⑨（まあ、いいですよ）という言い方は、「相手の申し出を自分の立場で「よし」と判定しただけに過ぎず、相手に向けられた配慮の表現とは言い難い」ものです。

なお、「もーしわげねーけっど」⑩という恐縮表明や「ありがとーねー」「かえって　ありがとござりしたー」⑪という感謝し合うやりとりもあり、「会話全体として見れば、何らかの位置でこうした配慮的な発話がなされているわけで」すが、共通語の感覚では、「依頼発話と恐縮表明が、また、受託発話への返答（申し出の場合は受託発話）と感謝表明が、それぞれセットになって現れることが多いのではないかと思われる。そうした共起性が見られない点で、この会話にはやはり違和感が残」ります。

3-3　再考

3-2で、小林[2019]の解釈を示しました。全体として、たびたび「共通語の感覚からすれば」という但し書きがつけられており、東北方言を共通語とは違う、もっといえば、共通語の配慮のレベルに達していないという評価をしているような印象を受けます。そもそもこれはロールプレイであり、しかも一組しか行っていません。そのデータから、気仙沼市方言話者全体の特徴を抽出できるのかどうかは定かではありませんし、ロールプレイなので、普段の会話よりも大げさに演じているかもしれません。大学関係者からの調査なので、方言話者として、より土臭く、期待に応えようと演じていたかもしれません。

しかしながら、それらのことを考慮に入れても、近所の友人という設定でなされたこの会話は、同じ地域に住む、ごく親しい人同士でなされる、しかも、特に食べ物のやり取りが日常的に行われ、サンマがいつも食卓にあがる地域で暮らしている人同士の会話として、同じ東北出身の私からみると、親しい間柄によくある自然で相手をきちんと配慮しあったやりとりがなされている会話として、何ら違和感を覚えません。実際の息遣いまで聞こえてくるような、リアルなものとして響いてきます。

繰り返すようですが、あらためて、以下に、私見を提示していきます。

（1）感動表現による共感の形成
――近所の親しい仲ではあたりまえ

氏はこのロールプレイでの会話を「やや大げさ」と解釈をしていますが、近所で普段から親しくしている間柄であれば、たとえ共通語話者であっても、あたりまえのやりとりではないでしょうか。東京でも都心の官庁街のようなところや職場ではなく、人間関係の濃い地域（例えば下町地域）などでのプライベートな場ではこんなやりとりが普通にかわされているのではないでしょうか。氏の言う「大げさ」の定義を再度具体的に示していただきたいと思います。

（2）相手を非難する会話
――会話を面白くさせるため

「欲張り」と言うことが、相手を非難する言い方だと決めつけていますが、私はむしろ、会話を面白くさせるために工夫した言い方だと感じています。「欲張り」といっても、親戚からもらった、たかだかサンマのことです。連日、余るほどのサンマが取れる地域（今はそうではないらしい）では、サンマをいっぱいもらってきたからといって、そのことで文字通りの、マイナスイメージの「欲張り」につながるわけではないと思います。Aさんはそのあとで、サンマをいっぱいもらってきた理由（執拗に持って行けと言われた、誰かにあげてもいいと思った）をいくつか付け足して応酬しています。会話が活気づいています。もし、同じことを大阪方言話者が言ったとしたら、相手に対して面白い会話をするための演出と解釈されないでしょうか。私の地域の東北方言では、相手のことを面白がってからかうことを「ひずる」と表現します。ここでの言い方は相手を「ひずっている」としか思えません。「あの人、またひずってるね」と笑いあいます。東北方言地域でも「欲張り」のような面白いやりとりはいくらでもあります。

（3）率直な話しぶり、（4）配慮性の弱い会話
――親しい間柄ではむしろ普通であり、配慮を十分感じる

（1）と同様に、いつも接している近所の親しい間柄では、率直で遠慮のないやりとりをする方がむしろ自然ではないでしょうか。あまり丁寧で、形式ばったやりとりは、どこかよそよそしく、みずくさいものになります。たとえば、サンマをもらうBさんが、この場所で分けた方が「あんだも　らくだいっちゃな」（あなたも楽だろうから）という発言をしたのは、「恩を売る」というより、相手のことを考えての率直なものと思えますし、「おらいどこ　ちょーど　さんま　きれだがらっさ」（私の家では、ちょうどサンマがなくなったからさ）と、サンマを分けようとするAさんが恩を感じてしまわないように、気遣う表現をしています。とても心温まるやりとりだと思います。

　また、氏は「助かる」というのは、自分本位の表現だとしていますが、私には、相手を充分に配慮した表現だと感じます。何かしてもらった相手に「おかげで助かりました」といえば、「ありがとうございました」という意味として十分に伝わりませんか。自分本位という解釈は私にとって全く新しい解釈であり、むしろ違和感を覚えます。

　関連して、Aさんが、「もってすけて」（持って[助けて]ください）と相手に頼む言い方をし、Bさんも「もってすげっがら」（持ってやるから）と応答しています。小林（[2019]215）は、この表現について、「「スケル」は「助ける」が語源であり、気仙沼市では、「〜テスケル」のように補助動詞的化した用法が認められる」と説明しています。この用法は東北では頻繁に用いられ、たとえば、食べ物や野菜などを相手にもらってもらうとき、相手に負担をかけないように、「食べてすけて」（(うちだけでは食べきれないので）食べて助けてください）と必ず言い添えます。これは相手に負担をかけない配慮表現であり、互いに「助け合う」気持ちのあらわれとも思います。

　さらに、氏は、Aさんの依頼に対して、Bさんが即座に「いーがす」（いいです）と応えていることに、自分の立場で「よし」と判定しただけに過ぎないと解釈していますが、私からみれば、路上でサンマを抱えて重そうにしているAさんに対して、早くなんとかしてやりたいというBさんの格段の配慮を感じます。それ以上あれこれことばを尽くすより、一刻も早く受け入れたことに思いやりを感じます。

　最後に、このやりとりでは、Aさんが「いーがす」（いいです）「もってってけらいん」（持って行ってください）、Bさんが「わげるすか」「かえってありがとうござりした」と、それぞれ敬語や丁寧語を用いていることも含めて考えると、二人のやりとりが全体として「配慮性の弱い」会話だと断定してしまうのは早計だと思います。

　共通語訳について一言付け加えます。今回の小林[2019]に限らず、方言会話につけられる共通語訳全般について常々感じていることですが、一般的にくだけた調子の訳が多く、丁寧さがまったく感じられません。親しい者同士の方言なので、どうしてもこうならざるをえないのかもしれませんが、例えば「もらいすぎたやー」①が「もらいすぎたよ」となっていますが、イントネーションなどもかかわるので確かなことはいえないものの、「もらいすぎてー」という調子ではないでしょうか。「〜たよ」と断定口調だと、女性の発言として、よりぶっきらぼうでむきだしの響きがします。共通語からみて「方言＝粗野」というイメージが方言の共通語訳を通して伝えられている気がしてなりません。よく「外国人」の会話を、性差を強調し、妙にカジュアルな調子で「もらいすぎたぜ」「もらいすぎたわ」などと、通常の日本語話者が使わないような言葉遣いで訳すのと同様な、方言翻訳のゆがみについて、前からずっと気になっていました。

以上、小林氏の解釈に対する私の解釈を試みました。私の解釈も私個人のものであり妥当かどうかわかりませんが、少なくとも母語話者として感じるニュアンスを示してみました。いうまでもなく、東北方言地域であっても多様で豊かなやりとりが日常的に行われています。方言地域でしか伝わらないニュアンスも十分にあることを念頭に、方言会話を解釈してもらいたいと切に願います。

3-4　他の研究との関連

小林（[2019]221）は、今回のデータが、他の調査データと符合するものがあると指摘しています。「熊谷・篠崎[2006]は、仙台・東京・京都・熊本の四地域の比較研究であるが、今回の場面と近い「荷物預け」の場面を見ると、依頼時の「恐縮の表明」の使用割合が、仙台で他の三地域に比べてやや低いことを指摘する。この指摘は、今回の気仙沼市方言の会話の印象と符合する」としています。

熊谷・篠崎[2006]は、言語行動における配慮のありようを検討する国立国語研究所のプロジェクトの一部をまとめています。敬意表現の研究が単に敬語などの使用を調査することが中心だったこれまでの研究を反省し、範囲を広げて談話レベルで考察しようとなされました。そこでは、「荷物預け」（荷物を預けるときの依頼）「往診」（近所の人が急病になり、医者に往診を頼みにいき、医者の家で玄関に出てきた医者に対して）「釣銭確認」（行きつけの店で買い物後、おつりが足りず、店員側のミスであるということが確かな場合に店員に言うとき）の三場面について、各地域で面接調査し、得られた自由発話形式を機能からいくつかに分類しています。その中の一つに「対人配慮」という項目をたて、具体的には「スミマセンガ」といった「恐縮の表明」を想定しています。熊谷・篠崎（[2006]53）は、「世代差に比べて地域差はそれほど顕著には見られなかった」とまとめています。表4は、熊谷・篠崎[2006]が示した、各地域における「恐縮の表明」の割合をまとめたものです。

表４　「恐縮の表明」の割合

（数字は割合を示す）

	仙台	東京	京都	熊本
荷物預け	30.1	33.3	37.9	38.1
往診	23.7	20.7	17.2	23.8
釣銭確認	7.5	12.0	5.1	9.6

（熊谷・篠崎[2006]をもとに作成）

小林氏は気仙沼市方言にみられる配慮表現の低さが、熊谷・篠崎[2006]における仙台地域の「恐縮の表明」の低さと符合するとみていますが、「荷物預け」の場面では、確かに仙台は「やや低い」ものの、どの地域も三十%台です。それどころか、「往診」「釣銭」においては、配慮表現が発達しているとする近畿地域に位置する京都より、仙台の方が高くなっています。この数値だけでも、東北地域がとりわけ「配慮表現」が少ないと断定するには無理があります。この点について、「西高東低」からはどう説明するのでしょうか（熊谷・篠崎[2006]では近畿地域を基準として分析しているわけではありませんが）。

以上、配慮性から会話を分析する場合、再三のこととなりますが、会話者の間柄、場面、状況、方言文化などを十分に加味して行わないと、調査者や研究者側の一方的な解釈を押し付けてしまうことになりかねません。「共通語感覚」で解釈してしまうと、共通語の基準を方言地域に押し付けることにもなります。さらに、言語的に「配慮表現」が見られないからといって、そのやりとりが即、配慮がないとはいいきれません。私たちはことばだけで交流しているわけではないからです。声の調子、身振りや手ぶり、表情、衣服あるいは、物の授受など、様々な方法で相手に気持ちを伝えています。西江（[2020]122）もこの点を四十年余り指摘し続けてきたのに、「言語」中心の分析がなされてきたことを嘆いています。

4．まとめ

昨今は、かつてと違い、方言礼賛、方言ブームなどと言われ、方言がもてはやされ、広告、ドラマ、小説、映画、娯楽番組などに広く利用されるようになってきました。しかし、そのブームにあって、関西方言など一部の方言が若者の間に人気がでてくる一方、「東北方言＝田舎」というイメージがいよいよ強くなっています。現に今でも特に東北方言話者である若者は、自分の方言を東北地域以外で堂々と使える状況になっていません。メディアが特に関西や東北の方言イメージをますます強化し、無責任に流通させ、結果的に方言格差を作り出しているように思われてなりません。

このような中にあって、今回、小林・澤村[2014]の提唱する「ものの言い方」で展開される「西高東低」もまた、近畿を中心、かつ発達地域とし、東北を周縁、かつ未発達と位置づけることがあたかも自然であるかのような言説をつくり、近畿、もしくは共通語地域とは異なるものとして、東北地域を他者化（周縁化）するような、方言格差を容認していることを危惧します。「発達」「未発達」は価値の優劣ではないと言いつつも、結果的にはどうでしょうか。問われる問題です。

「東北＝無口、ぶっきらぼう」、「関西＝お笑い、ボケとツッコミ」といった点についても、現代のメディア言説にそうような、世間のステレオタイプの再生産に加担しているように思います。つまり、メディアと共振しているのです。

今回は、方言研究全体に通底する研究姿勢を如実に示す一つの例として、小林・澤村[2014]を中心に検証してきました。「西高東低」という分かりやすい言い方で東北、東北方言、東北方言話者を他者化（周縁化）し続ける方言研究は、中心に位置づけ続ける近畿、近畿方言、近畿方言話者に対しても応分のゆがみ（過度な評価）を作ってしまっています。東北方言話者である私は、このことを念頭に今後も方言研究のあり方について考え続けていきたいと思います。

（注）

（1）頭木弘樹氏が東京から沖縄・宮古島に移住したとき、病気のため食べられないものがあり、それを東京では勧められて気まずくなったのに、宮古島ではそのことを何も聞かず、勧めもせず、普通にひときを楽しんでいたという。また、周囲に謝ったり、お礼をいわない人が多いという。そのためむしろ和やかな気持ちを感じると吐露している。(『朝日新聞』二〇二〇年九月二一日夕刊)

(2)「座談会　わが母のことば〝東北弁〟」([1969]14)での発言です。出席者は、扇谷正造氏(朝日新聞社社友　宮城出身)、加藤日出男氏(若い根っこの会会長　秋田出身)、国分一太郎氏(日本作文の会会長　山形出身)、寺山修司氏(作家　青森出身)で、司会は編集部が行っています。

(3)ボケとツッコミは、久木田[2010]でも関西方言の談話展開の特徴だと述べていますが、若者(女子大生、男子高校生)の会話例のみしかあげられておらず、関西方言話者に一般的なのかどうかは不明のままです。

(4)県民性研究でよく知られた祖父江([2018]6-7)は、大学生に県民性をあげてもらったところ、大部分が大阪の県民性を書いており、しかも「がめつい、しぶちん、ど根性、活動的、創意工夫がうまい、ユーモアに富む」などの「ハンで押したように一致」していたと述べています。実際に「大阪出身の人たちにじかに接してよく知る」人は非常に少ないはずで、大阪はイメージ先行の地域だとみなしています。

〈参考文献〉

・赤坂憲雄[2011]『東西/南北考―いくつもの日本へ―』岩波新書。
・井上章一[2018]『大阪的　「おもろいおばはん」は、こうしてつくられた』幻冬舎新書。
・大西拓一郎[2016]『ことばの地理学　方言はなぜそこにあるのか』大修館書店。
・大牟羅良[1958]『ものいわぬ農民』岩波新書。
・尾上圭介[2010]『大阪ことば学』岩波現代文庫。
・金田一京助[1959]『日本の敬語』角川書店。
・河西英道[2001]『東北―つくられた異境』中公新書。
・久木田恵[2010]「談話展開の地域差」小林隆・篠崎晃一編[2010]『方言の発見』ひつじ書房、一三七〜一六〇頁。
・熊谷滋子[2020]「方言敬語の語られ方と近代主義―方言研究にみる近畿中心主義」『人文論集』第七〇号の2、静岡大学人文社会科学部、五五〜八四頁。
・熊谷智子・篠崎晃一[2006]「依頼場面での働きかけ方における世代差・地域差」国立国語研究所『言語行動における「配慮」の諸相』くろしお出版、一九〜五四頁。
・小林隆[2019]「依頼会話に見られる特徴」東北大学方言研究センター『生活を伝える方言会話　分析編、資料編　宮城県気仙沼市・名取市方言』ひつじ書房、二〇三〜二二三頁。
・小林隆編[2018]『コミュニケーションの方言学』ひつじ書房。
・小林隆編[2014]『柳田方言学の現代的意義　あいさつ表現と方言形成論』ひつじ書房。
・小林隆・澤村美幸[2014]『ものの言い方西東』岩波新書。
・小林隆・篠崎晃一編[2010]『方言の発見』ひつじ書房。
・「座談会　わが母のことば〝東北弁〟」[1969]『言語生活』筑摩書房、三月号、一二〜一六頁。

・陣内正敬[2010]「ポライトネスの地域差」小林隆・篠崎晃一編『方言の発見』ひつじ書房、九三〜一一八頁。
・陣内正敬・友定賢治[2006]『関西方言の広がりとコミュニケーションの行方』和泉書院。
・祖父江孝男[2018]『県民性　文化人類学的考察』中公新書。
・祖父江孝男[2012]『県民性の人間学』ちくま文庫。
・高津春繁[1992]『比較言語学入門』岩波文庫。
・東北大学方言研究センター[2019]『生活を伝える方言会話　分析編、資料編　宮城県気仙沼市・名取市方言』ひつじ書房。
・東北大学方言研究センター著[2012]『方言を救う、方言で救う　3・11　被災地からの提言』ひつじ書房。
・芳賀綏[1973]「敬語・態度・行為」林四郎・南不二男編『敬語講座7　行動の中の敬語』明治書院、六七〜一〇四頁。
・西江雅之[2020]『ピジン・クレオル諸語の世界』白水社。
・日高水穂[2018]「関西における掛け合い型談話の由来と展開―漫才と日常会話の相互作用」小林隆編『コミュニケーションの方言学』ひつじ書房、三四一〜三六三頁。
・日高水穂[2014]「近畿地方の方言形成のダイナミズム　寄せては返す「波」の伝播」、小林隆編『柳田方言学の現代的意義　あいさつ表現と方言形成論』ひつじ書房、二四五〜二六四頁。
・益田ミリ[2017]『大阪人の胸の内』光文社文庫。
・安田敏朗[1999]『〈国語《こくご》〉と〈方言《ほうげん》〉のあいだ　言語構築の政治学』人文書院。
・柳田国男[2013]『蝸牛考』岩波文庫。
・吉岡泰夫[2003]「敬語の社会差、地域差と対人コミュニケーションの言語問題」菊地康人編『朝倉日本語講座8　敬語』朝倉書店、一一七〜一三八頁。
・Agha, Asif [2007] *Language and Social Relations* Cambridge: Cambridge University Press
・Blommaert, Jan and Jef Verschueren[1998] *debating diversity Analysing the discourse of tolerance* London: Routledge
・Said, Edward W. [1978] *Orientalism* New York: Vintage Books

新自由主義の国家

竹内　真澄

はじめに

新自由主義が現実に活動し始めたのは一九七〇年代であるとされる。思想的源流は一九四〇年代にさかのぼるとはいえ、七〇年代を体制としての新自由主義の誕生ととらえるならば、これ以降、新自由主義にかんする賛否の議論は出発した。以来、はや半世紀近くにもなる。おおむね新自由主義はまだ勢力を維持しているけれども、その矛盾はかなり深刻である。だから、いまでは新自由主義の危機が議論されて久しいと言わねばならない。しかしながら、この誕生と危機を国家論においてつらぬき展開するものは、存在してきたのだろうか。管見の限りそれは意外に乏しいように見受けられる。その理由は、この課題がおそらく様々な学問の創造的かつ総合的な協力の態勢づくりのなかで初めて仕上げられるものであることによるものと、まずは言わねばならない。これに加えて、国家による強権的な市場原理主義という事態をどう正確につかむかが一つの困難をもたらしているのではなかろうか。というのも、過去の経験からすれば、国家から自由な十九世紀的自由主義のあと、国家に依存した二十世紀型福祉資本主義が登場したから、国家からの自由と国家への依存とを段階的に区別することは容易だったのであるが、新自由主義はいわば国家に依存した自由主義という側面をもつがゆえに、国家介入による自由主義という逆説を含んでいるからだ。この逆説が旧来の図式では一見すると矛盾に満ちており、容易に理解できないために対象化を困難にしてきたように思われるのである。

対象化は、どこかから、誰かが始めなくてはならない。とすればたとえ限界を持つものであろうともそれなりのたたき台を出すことが求められる。このようにお断りをしたうえで、私は私なりの視点でこのテーマに接近してみようと考える。

1．資本主義的国家の本質と相互関係

世界システム論の了解からすれば、世界＝経済を土台にして国民国家がその局地的総括主体として近代世界システムは運動する。各国民国家がなさねばならないのは、一方では資本蓄積の条件の整備であり、他方では労働力再生産の条件整備である。こうした二重の条件を充足させることによって、階級社会は世界的に

も一国的にも正当化され、維持されるわけである。

およそ二百カ国存在する国民社会は、それが世界＝経済へ開かれているものでなくてはならない。その限りで、資本主義国家の人間はひとまず〈私人（民間人）private man〉としての資格で権利主体として認定される（資本主義国家における民法の準備）。〈私人〉とは、商品交換をおこなう私的所有の主体である。

学説史上はホッブズがはじめて資本主義国家の〈私人〉的構成を解明した。ホッブズによれば、〈私人〉は互いに〈私人〉としての所有を認めあうためにパブリックな市民国家を必要とするのである。そして〈私人〉は自己を代表する者を政治的主権者として選ばねばならない。封建社会と比べて特徴的なのは、近代国家においては政治権力の担当者と経済上の支配者の間に一種の代表―被代表関係がなりたつことである。

しかし、資本主義がもっと進むと事情は変化する。〈私人〉は次の歴史的段階ではひとつの抽象にすぎない。なぜなら、〈私人〉の根拠をなす私的所有は貨幣を媒介にして資本に転化する（領有法則の転回）のであって、それにともなって〈私人〉の樹立した近代国家はコモンウェルスの外観をとりながら資本主義的国家に転化するからである。〈私人〉という抽象から資本家と労働者という具体化へのこの発展メカニズムを明らかにしたのはJ・ロックであった。さらに〈私人〉の議論は、スミスになると民間人private peopleを主体とする議論へ発展し、市場の自律性が論証されることになった。スミスの理論によれば、地主を別とすれば、〈私人〉は事実上労働力購買者と労働力販売者へと分裂し、国家は階級国家として把握される。雇用主が資本主義社会の経済上の支配者であり、労働者はその支配のもとに従属せしめられる。

資本主義国家capitalist stateは、〈私人〉をなんらかの法的人格として認めるから、現象的には法治国家となる。近代の階級国家は、直接的な暴力による支配を常とする奴隷制や農奴制の国家とは異なり、法の権利を被治者にも与えることができるため、階級国家であるにもかかわらず、人々は「自由で平等な」国家という仮象をとるようになる。

現実世界では、法治国家の姿をとっていない諸国家がなお存在する。しかし、理論的な構図としては、二百カ国が法治国家になって現れることは可能である。少なくとも、各主権国家は国際法上は権利主体として扱われているのであって、中国、北朝鮮、イスラム諸国の国内的な人権状況を問題化する背景にある国家範型は、資本主義国家の理念型から借りてきたものである。

この意味で現代世界は資本主義国家を支配的な範型とする間階級社会関係inter class societiesであって、民衆は国籍別に統治されている。ただし資本主義は階級中立的な外観をとらねばならず、統治は階級的な視座からではなく、人口、領土、国境などを客体化する役割に抽象されている。世界＝経済はグローバルに運動するのだから、本質的に世界人口は労働力販売者と購買者の階級へ分化しているのではあるが、この世界規模の統治はダボス会議のようなかたちで倒錯的に可視化される以外は、めったに正体を見せることはない。だが、正体が見えにくいとしても常に資本家階級は労働者階級を被統治客体として規律訓練のなかに置いているのである。国際的な労働力移動と定住的な労働力配置をもとにして、資本による世界的な統治はおこなわれる。国家による労働力移動の弁別を媒介にして世界人口のプロレタリア化が進行する。

ところで、機能的な面から見れば資本主義国家は、一般的に資本蓄積機能と労働力再生産機能を充足させることによって国民を統治している。たとえば、国家は保育園から、初等・中等教育、および高等教育機関を整備し、労働力の創出、再生産過程を整備しなければならない。労働力の生産と再生産を主として担っているのは近代家族であり、家族資産を中核にした共同体に再生産の義務を押し付けながら国家は、私的所有の保全という機能を遂行する一方で、近代家族に対して相続面や労働力再生産過程の制度を整備する(1)。

だが、労働力が相互に競争状態に投げ込まれるように、近代家族も互いに競争状態におかれる。近代家族の収入源は、労働の社会化にともなってますます企業に採用されることで得られる賃金へ変化してゆく。比較的大規模な企業は、中小の企業に比べて相対的に高賃金である。巨大企業は労働力の選別をおこなって優秀な労働力を独占し、他を排除する傾向がある。とりわけ、資本の増殖欲にとって不要な過剰人口は、労働力市場から排除される傾向がある。

資本は大中小の序列で編成され、これに対応するように労働力も上中下に編成されている。資本と労働力の編成は、前近代では身分制の論理によって規定されていたのであるが、近代以降は、いずれもすべて自由な契約の論理で制御されている。だから、階級社会の支配は、近代以降は、労働力が商品化されて自由契約のかたちで売買される形式をとるので、資本主義社会の本当の支配者であるブルジョアジーは、その階級自体が武装する必要はなく、物理的な暴力を国民国家に集中させる形式をとる。このことゆえに、資本の支配は、じかに資本の武装という外観をとらないのである。しかし、資本取引や商品交換の陰にはつねに国家という物理的暴力が控えていて、総資本を保護していることを忘れてはならない。

現代社会で、資本家団体としての経団連や商工会議所は、民間レベルで大きな政策担当能力をもっており、たえず政界に発信している。これは資本家階級じたいが政治的であるという意味ではなく、さしあたり経済的な存在であるが、政党や内閣は直接的にまたは間接的に財界の影響を受けて、階級支配は貫徹するのである。メディアは、財界と政権党の交渉を自然の出来事のように報道するけれども、これ自体が歴史的な支配構造において発生する特殊な出来事である。

ここで理論的に重要なことは、階級社会はそれぞれの国家主権において間接民主主義的に総括されるという点である。すなわち世界システムは、互いの国民国家を相克させ、競争させ、あるいは紛争を起こさせることをつうじて世界=経済の発展の不均等を国際政治上の関係として調整させるのである。

たとえば、各国の最低賃金が様々にばらついている場合、賃金が安い国家から高い国家へ労働者は自然発生的に移動するであろう。賃安の国家は、国内の労働者が外へ流出して枯渇することがないように最低賃金をひきあげるか、または、国外流出を前提に出稼ぎ労働者の仕送りに依存する従属国家に甘んじるかを選ばなくてはならない。EU内部のようにこの移動が相対的に自由化されていれば、労働者は有利な条件で職場を選ぶことが可能となり、最低賃金はたえず共同体の範囲で平準化される傾向をもつようになるであろう。

各国の資本市場、株式市場、金融市場、労働力市場は、国家というフィルターを媒介にして国際化しており、それぞれの市場は対外的に開かれているけれども、不況と好況の波におうじて国家は弁を閉じたり開いたりすることができる。

このように、大きな図式から言えば、国連、国際諸機関、国民国家という国際政治上のアクターが活動する領域があって、国内では、税の再分配をめぐる闘争がある。われわれが普通に「政治」と呼んでいる領域は、国家権力をめぐる諸勢力間の権力闘争である。しかし、もっと透徹した目で見た場合の資本主義的政治の勘所はどこにあるかというと、個別化された企業内の専制支配にある。国家は、間接的に市民社会を総括しているので、政治という領域は政治と国民の椅子取りゲームのように見える。しかし、その背後には資本の動きがあって、こちらの専制支配こそが本当の意味で政治的なのである。国会の椅子取りゲームと個別資本の専制支配は一見するとあまりに懸隔が大きすぎて両者の関係は見えにくいのであるが、資本主義的な政治のコアは剰余価値の吸収である。そうである以上、国家は先に述べた二つの条件、つまり資本蓄積機能と労働力再生産機能を総体的に調達し、そのことによって企業内専制支配をできうる限り安定化させようとする。これこそが政治の本質なのである。すなわち、政治とは、資本による専制支配において労働者が自己の労働の処分権を全面的に企業権力に預けることを維持させる点にある。日常的には気づかれることが少ないかもしれないが、もし労働者が何をいつまでにどれだけ、誰のためにつくるかについて自主的に考え、かつ行動するようになったとしたならば、資本の専制支配は崩壊するのであって、こうしたことが起こらないようにしているのが、資本主義の政治なのである。

以上のような政治理解の下で国際政治の要点を分解してゆけば、結局のところ、末端では個別的資本の専制支配にまで行き着き、個別的な資本と労働力の交渉に行きつき、最後には富の一般的形態としての商品に帰着する。逆に総合的にたどれば、商品から出発して、資本の労働力にたいする経済的支配が間接的に総括されて国民国家の政治的支配となり、総括された国民国家ごとの行動が国際政治を構成するのである。

2. 自由放任から国家介入的資本主義への転換における国家

では私たちが新自由主義という特殊な局面でどういう国家統治のもとに置かれているかという問いを立て、そこに迫っていくことにしよう。まず新自由主義に至る前史として、十九世紀自由放任的資本主義──→二十世紀国家介入的資本主義、という展開が認められよう。すなわち、万物の商品化をモットーとする自由放任的資本主義はイギリス帝国主義を中心に世界的に自由貿易体制として編成されたのであって、これが、内部から機構を変質させる二つの動きを促す。

ひとつは内政において十九世紀後半の選挙法改正による参政権の拡大である。これを契機に国家は夜警国家であり続けることはできず、ますます国民の教育、衛生、社会資本の供給に責任を負わされるようになる。政治的市民権は社会権を呼び覚ますので、国家は国民生活に社会権的介入をおこなうようになる。

もうひとつは、自由貿易帝国主義から二十世紀帝国主義への転換である。これによって産業革命に下支えされた資本の輸出が行われ、軍隊が派遣され、非ヨーロッパ諸国が植民地化される。戦費調達のために課税が増加し、これが自由放任から国家介入的資本主義への転換を外交面からすすめるのである。

このような転換の動きは、もともとから言えばヨーロッパ諸国家の鞘当てから生まれたものである。はじめドイツのビスマルク政権がいわゆる飴と鞭の政策において、一方で社会政策に着手し、他方で社会主義者鎮圧法をセット化する統治を始めた。これにたいして他のヨーロッパ諸国は様々な形で外から刺激された。とくにイギリスは十九世紀末から二つの大戦を経ていつもドイツと対抗していた。そしてこの対抗からイギリスの福祉国家の基礎デザインをなすビヴァリッジ政策が生まれたのであった。またアメリカは、十九世紀末においてイデオロギー的には自由放任主義にどっぷりと漬かっていたのだが、同じ時期に巨大独占企業が形成されて、独占と中小企業の「平等な」競争が組織されていた。アメリカは、イギリスに遅れてではあるが、一九二九年の大恐慌をきっかけに大きく福祉国家へと転換する。

さて、大恐慌を前に、ケインズは有名な「自由放任の終焉」（一九二六年）を書いた。彼は自由放任が終焉したあと、どこへ行くのかにかんして考察し、なんらかの国家介入的な資本主義へ転回すると考え、「資本主義を懸命に管理する」、いわゆるケインズ型福祉国家への転回を構想していたのである。

こうして市場の自律的な運動に相対的に多く依存していた自由放任的資本主義社会は、二十世紀の前半に、より多く国家の財政力に頼るようになり、国家介入的資本主義へ変化する。それは、ナチスとアメリカを共通にくくる特徴でもあった。少なくとも一九二〇年代から四〇年代にかけて、どちらの国家介入的資本主義も全体主義へ進む可能性は大なり小なりあったのである。H・アーレントは全体主義の指標として強制収容所をあげているが、ナチスとニューディールを対比する研究にいくぶんかの正当性を認めるとしても、共通面があったことを見落とすことは正しくないであろう。

ナチズムであれニューディールであれ、この時期には国家が財政力を使って有効需要をつくりだし、雇用を保障し、場合によっては戦争を新しい需要先とする政策を遂行する傾向があったのである。

この意味で、十九世紀末から大恐慌期後の戦時体制は、市場の失敗を国家が穴埋めするような一つの新しい体制を形成した。これは、その軍事的な意味を考慮すればわかるように、夜警国家と自由貿易体制のセットを国家介入と保護主義のセットへ転換するという特徴を持っていた。この結果「国家に埋め込まれた市場」というべき特徴をもつケインズ型資本主義国家が生まれたのである。他方でソ連を考える場合、体制が違うけれども、このような国家管理の色彩はさらに極限的に強められ、市場を敵視するところまで進んだ一つの国家介入型社会であったと見ることも不可能ではない。それは、やはり強制収容所をつくっていたという意味においても、ファシズムと強い同一性を帯びていた。

いずれにせよ、市場の危機が様々な新しい体制を作る基礎として存在していた。そこには様々な政治的選択の余地があり、自由や民主主義がどの程度まで残り、他方強制収容所的なものがどこまで樹立されるかは、国民の民主主義の浸透度や政治文化的伝統と社会運動の質によって規定される。

しかし、総じて言えることは、この国家介入的資本主義の時代の国家は、資本蓄積のための条件を整備することと同時に労働力再生産のための社会権的な条件を整備することの双方を遂行するようになったのであって、ファシズムの場合は前者に傾き、社会主義の場合は強く後者に傾き、福祉国家はその中間を占めていた。

3. 国家介入的資本主義から新自由主義への転換における国家

国家介入的資本主義が生まれた後、戦後体制はケインズ型福祉国家を常態とするようになった。しかし新自由主義の思想家ハイエクは、ケインズ政策の立ち上がりの時期にすでにまったく別の市場主義的展望を追いかけていた。彼の『隷従への道』(一九四四)は、このように、多様な形をとって強行されたファシズム、ケインズ的福祉国家、社会主義を市場が本来的に持つ「自由」の束縛という一点で把握して、市場原理主義を復活させることを目指していた。ハイエクの主張によれば、十九世紀的な自由放任主義あるいは夜警国家へ回帰するという必要はまったくないのである。ハイエクは個人を〈私人〉としてつかむスペンサー流の態度を完全に受け継いでいたが、時代遅れの茶番ではなかった。ハイエクは夜警国家ではなく、最小限の社会権は認めながら、むしろ資本蓄積機能を圧倒的に強化する国家の新しい任務を強調した。彼によれば新自由主義的国家は、十九世紀とは異なって、市場メカニズムを擁護するにとどまらず、国家それ自体が市場を調達する市場にならねばならない。すなわちハイエク流の新自由主義国家は、スローガン的に言えば、「全国民を私人化するための国家介入」をおこなうものであった。

だから二十世紀前半において世界規模で見られた、市場の危機に起源をもち、市場の欠陥を補う国家介入的資本主義は、ハイエクの目からすれば、市場の有効性を国家の力でゆがめたものであるにすぎない。ハイエクによれば、それは市場の自由と対抗する、あるいは市場の有効性に目をつぶる最大の危険性を帯びたものにみえたはずである。イギリスや北欧の福祉国家は、市場の暴力から国民生活を守る「国民の家」としてイメージされていたのだが、ハイエクの立場からすれば、それ自体が市場を否定する全体主義の萌芽なのである。

しかし、福祉国家体制もまたそれじたい変質化される発展をとげる。ケインズ的福祉国家の下で独占企業は多国籍企業に発展した。すると、社会権によって最低賃金をひきあげたり、福利厚生を手厚くケアする国内体制はますます多国籍企業にとってコストを引き上げる足かせとなった。こうして「国家に埋め込まれた市場」は、多国籍企業的資本主義にとって邪魔者となった。それまでは理想の国家のように思われていた福祉国家は、一九七〇年代になると財政危機をもたらすお荷物として扱われ、「市場に埋め込まれた国家」へ大きく転換させるべき障害となった。

重要なのは、ハイエクやフリードマンの主張する新自由主義が、自由放任から国家介入的資本主義へという歴史の歯車を単純に逆回しにするものではないということである。国家介入の契機は、単純に廃止されない。むしろケインズ的福祉国家のような自由民主主義的な統治は、それが社会権の擁護であるかぎり新自由主義の劇薬によって解体されねばならない。そこからこそ新自由主義はうまれるのである。国家介入一般が縮小されるのではなく、福祉国家的で社会権的な介入が抑制され切り捨てられる半面で、福祉や教育を国家セクターに独占させるのではなく、むしろ民間に向かって市場化し、それを民間企業に提供するという意味での「社会的規制」と「経済的規制」の緩和が謳われた。このような作業は逆説的に、国家の力に頼って市場創出を行うのだから、新しい国家介入の発展でさえあった。それが新自由主義的な構造改革といわれるものであった。だから国家はきわめて政治的であり、資本蓄積の機能を強化し、新市場創出の機能を自由化する限り、新しい国家介入は推奨されるのである。これに応じて、世界規模での市場競合は激化するので、国際的自由貿易体制はより一層軍事的、帝国主義的な国家介入を伴うものになる。

このようにして新自由主義にとって国家介入的な資本主義、すなわち「国家に埋め込まれた市場」は世界規模の競争からみればますます邪魔者となった。それを世界市場論の観点から解体し個別的主権国家を「市場に埋め込まれた国家」に作り変えることが半世紀にわたって進行した。すなわち国家は、市場を制御したり、その欠陥を補完したりするのではなく、それじたい「市場のため」「民間活力のため」「自由のため」「構造改革のため」に存在し、新市場を〈私人〉向けに開放する装置となっていった。国家は新自由主義の下で、市場に「対する against」国家ではなくて、市場の「ための for」国家にますますなっていく。

したがって、一九七〇年代から今日まで、福祉国家的介入を擁護する一方で新自由主義的国家介入を阻止する闘争ラインが形成されてくる。

にもかかわらず「市場に対する国家」（エスピン＝アンデルセン）は徐々にあるいは急速に影を潜め、福祉国家は弱体化されていく傾向が強まった。これとは入れ替わりに、市場の圏域を強化するための国家の役割は飛躍的に強化されたのである(2)。

4. 二正面的社会運動の台頭

一九七〇年代以降の新自由主義的な統治のもとにおいて、それゆえ、二正面的な社会運動が立ち上がってくる。

ひとつは、とりわけ内政面での動きに関わる。新自由主義は独特の自由論をその核心に据えている。それは著しく自由権に偏した、そして市場の自由を自由一般と同一視する特徴をもつ。自助や自己責任論はそのなかの一つの焦点だが、すべてではない。ハイエクが言う、一切の設計思想（社会契約論やアソシエーショニズム）を冷笑する自生的秩序論は、市場の不可知的な動向（昔は無政府性と呼ばれた）に対する人間の統治能力を全面的に解体していこうとする企画である。これは創発性という美名のもとで不確定性を大胆に肯定する。こうした支配的イデオロギーに抗して出てくるのは、いわば新しい自由論の動きである。それは福祉国家切り捨てに対して、社会権を擁護し、発展させようとするのだけでなく、まだ一国的であった社会権の灯を世界的に連帯させようとするものでもある。たとえば、アメリカの黒人差別に反対する国際的な運動の高まりは、一九六〇年代の公民権運動よりもより一層政治権力（警察）が社会権的に改革されるべきことを訴えている。

ここには、人種差別反対だけでなく、生命の多様な在り方を承認させようとする様々な生存権擁護運動、非正規労働者を守る運動、フェミニズム、LGBT性的少数者、老人介護、年金のひきあげなどが合流する。こうした社会運動は、生命の再生産の政治化（脱商品化）を不可避的な傾向として承認する。新自由主義はこれに対して、絶えず再生産を脱国家化して市場に丸投げするから、両者はますます正面から衝突するに至る。

もう一つは、対外的な動きに関わる。新自由主義は、市場の有効需要のために各主権国家が市場を提供することを世界的に競わせるのであるが、この市場の争奪戦は、暗黙の裡に、背後の国家暴力を頼みにしている。

もしも、内政面で社会権が課題となるにもかかわらず外交面では帝国主義が進行するならば、これはまったく十九世紀的なアナクロニズムである。現在はこうした時代ではない。したがって、内政面で社会権を拡張する新しい福祉国家を求める社会運動が登場するならば、外交面での市場争奪が起こす国際的緊張や地域紛争のおそれをいかに回避するかが真剣に問われるようになる。いわゆる国家の安全保障から人間の安全保障への転換が課題となってくる。

わが国ではこの二正面作戦は　憲法第二十五条と憲法第九条を結合し、擁護する運動となって再燃しており、両者は結局のところ世界の統治構造を新自由主義的な統治から民衆的な統治へ転換する闘争となって現れる。

5．国家論の理論的問題

ここまで現象列挙的に歴史をスケッチしてきた。その場合、国家はつねに資本主義との関係で追究される。だが、原理論的に資本主義一般に対応する近代国家一般を考える意味は現在的局面の中でますます大きくなってくる。なぜなら問題の焦点が、特殊な資本主義の局面、すなわち新自由主義の局面であるにもかかわらず、それは主権国家一般を揚棄する運動と連動してくるからである。

しばしば新自由主義研究の分野で「国家介入型の新自由主義」と定式化されるものがある(3)。それは、主として、自由放任（レッセフェール）的資本主義と新自由主義的資本主義の区別の問題である。国家介入の観点から言えば、十九世紀的夜警国家は、所有権の保全や国防、治安維持、教育など市場が行いえない仕事を分担し、穀物法を廃止したり、救貧法を改正したりするという意味では産業資本家向けに政策介入する、いわば「市場のための国家」であった。この時代でさえ夜警国家とは、国民福祉の観点からは「小さい政府」であり資本家的観点からすれば「安上がりの政府」であるが、労働者側から見れば割高の政府である。自由放任的国家自体が「市場のための国家」介入形態である。

だから、自由放任的資本主義から国家介入的資本主義へ、という場合の移行の指標は、国家の無介入から介入への転換ではなく、市場のための広くて（自由貿易のひろがり）浅い（所有権の法的整備）国家介入から市場を制御する狭くて（というのも国民国家内部の制御におおむね限定されるから）深い介入への転換にある。そして「狭くて深い介入」のきわだった特徴は、国民生活の再生産領域を安定化させる労働力政策、言い換えれば社会権の確立を契機とする市場制御的な介入が中核になるであろう。

これにたいして新自由主義は、先行する国家介入的資本主義を「社会的規制」と「経済規制」の双方において解体し、多国籍企業型資本主義を育成するための競争的市場創出の新しい動向である。それは、既述の社会権的な要素を原理的に解体しながら、国家全体は市場に完全に埋没させるというやり方で、国家の効率性をたかめ、国家の公共性を私人的公共性へ作り変える動きである。このことを表現するときに、自助を中心に置き、共助と公助を副次的に位置づけるという表記も現れる。

新自由主義的国家は、国家介入的資本主義の国家機能において脆弱だった資本蓄積機能の条件づくりを効率化し、地球的な規模での自由貿易を広がりとして回復し、あるいは国際競争の脅威によって主権国家を横から揺さぶりながら、国民諸階層の生命の再生産を大胆に削り、あるいは縮小させようとする体制づくりである。

この範囲で、従来の国家論は使い物にならなくなる。現在の国家が占める位置と機能は激変しつつある。現代国家は、グローバルな主権国家間関係のなかで機能的な限界に触れることになる。とくに、主権国家の政治的なものを世界＝経済という次元へ還元する傾向はますます強まるから、いわゆるカリスマ的な要素は劇的に後退する。それゆえに、市場の動向から相対的に自立した領域という政治学の古典的な枠組みはますます維持しえないものとなる。国民国家を、市場グローバリズムから守ろうとする社会運動は、さしあたりは国民国家対世界市場という枠組みのなかに位置づけられるが、世界市場そのものを制御するためには、ますます国民国家論を越えて世界政府論を要請するようになる。

政治学は、国民国家論と手を切って、世界政府論の方向へ対象を変革しなければならない。簡単に言えば、パワー・ポリティクスはますます説得力を失い、これと入れ違いに世界人権宣言や国際人権規約が各国憲法以上に尊重されるべき規範となっていく。軍事同盟に国家安全保障を頼ることは、人間の安全保障から見てますます宙に浮いた不生産的消費に見えるようになるであろう。

6. 福祉国家連合・世界共和国・世界政府

新自由主義は、その登場以来それじたいの論理によって格差、環境問題、戦争といった問題を生み出すから、その危機を指摘されるようになった。では新自由主義からの出口とは何であろうか。それは直線的で穏やかな道とはいえないが、一言でいえば新自由主義的な統治から世界政府への険しい道といってよいであろう。ただし、世界政府へ接近する中間に少なくとも二つの局面がある。いまこの問題をどういうふうに考えることが生産的か、ごく簡単にスケッチしてみよう。

まず出発点として次のようなウォーラーステインの言葉を引いておこう。

「これまでのところ、世界システムと呼ばれるものには二種類しかなかった。すなわちひとつは世界帝国である。世界帝国にあっては・・・とにかくその領域全体にいちおう単一の政治システムが作用している。これにたいしてもうひとつの世界システム（近代世界システムを指す）では、全空間（ないしほとんどの空間）を覆う単一の政治システムが欠落している。他に適当な言葉もないので、便宜上これを『世界＝経済』と呼ぶ・・・近代以前の『世界＝経済』はどれも構造的にきわめて不安定で、まもなく世界帝国に転化してしまうか、まったく分解してしまうか、いずれかの道を辿った。ひとつの『世界＝経済』が五〇〇年も生きながらえながら、世界帝国に転化しなかったというのは、まさに近代世界システムの特性であった。その強靭さの秘密もまた、この特性に由来するのである。これこそ、資本主義という名の経済組織が有する政治面での特性にほかならない。『世界＝経済』がその内部に単一のではなく、多数の政治システムを含んでいたからこそ、資本主義は繁栄しえたのである（4）」。

そしてこう続けている。

「といっても、資本主義とは、経済問題への国家の不介入を前提として成立するシステムだという例の古典的な資本主義観を持ち出そうというのでは毛頭ない。話は逆なのだ。資本主義とは、経済的損失を政治体が絶えず吸収しながら、経済的利得は『私人 **private man**』に分配されるような仕組みを基礎としている（5）」。

ウォーラーステインは、ここで〈私人〉という近代政治学から発した概念（6）を使っているのだが、これは偶然ではない。まさしく、現実的な人間が〈私人〉という抽象へ還元される場合に、私人はパブリックな国民国家をつくる。そしてそれゆえに間主権国家体制がうまれたのである。そして、世界＝経済の運動は国民国家によって政治的に媒介されるからこそ近代世界システムは最も効率よくその支配を有効にしてきたのだ。

〈私人〉概念に準拠して新自由主義を総括するならば、こういうことが言える。すなわち新自由主義とは、様々な職業・属性の人々、農民、小経営者、中小企業者、中小企業の労働者、大企業労働者、公務員、さらには、女性、在邦外国人、性的少数者、非正規労働者、老人、子どもなどを国家の力によって、ことごとく〈私人〉化させる大規模な試みである。

問題は、新自由主義の国家が近代世界システムの支配の中でいかなる歴史的な位置を占めるかである。

それは、ウォーラーステインの言う「近代世界システム」の次に来る社会とはどういうものかを考えてみればわかることである。彼は、介入があるかないかではなく、介入が経済との関係においてどういう広がりを持つかに注目している。しかし、介入が各国内部で浅いか深いかも、ウォーラーステインが注目する広がりにある程度関係してくるのである。

いつの時代にも国家の経済への介入は多かれ少なかれ存在する。ただしソ連のように深い介入はしばしばコマンド経済といわれたが、その政治上の決定はソ連領内部に限られるか、せいぜい東欧圏に及んだだけであって、世界＝経済にまでは届かなかった。それゆえに、こうした場合には一国社会主義という変形が世界システムに与える影響力はほとんど無視しうるほどに限定されていた。もちろんそれは近代を超えることはできないだけでなく、せいぜいシステムの周辺に国家資本主義の変形として置かれただけであった。これでは世界政府は建設できない。

本質的な問題は、政治的決定権が世界市場を制御するにたるほどグローバル化するかどうかにかかっている。ふたたびウォーラーステインによれば世界政府とは「いろいろなレヴェルで政治上の決定権と経済上のそれが再統合されているような形態のものでなければならない(7)」。

そこで私は、政治と経済の再統合に行き着く前に、まず福祉国家連合が必要になると考えてみたい。政治的決定がグローバルになるための前提条件は諸国家間の協調的共同行動であって、福祉国家連合においてこそこの協調は実践的に有効になる。福祉国家は武装した国民サービス国家である。それゆえに国家間の緊張の種子は消えていない。

そこでもう一歩軌道を推し進めなくてはならない。これがカントの構想した平和的な協調関係の構築、すなわち世界共和国である。ここでは軍縮をつうじて、国家が剰余価値を軍事部門へ投資することが断念される。世界共和国は、うまくいけば、再生産構造に好循環をもたらし、民生用品や福祉、教育、社会保障の比重を上げていくための可能性の条件となって作用する。しかし世界共和国はまだ私的所有の基礎の上にたっている。だが各国の〈私人〉のあり方はここで大きく変えられる。世界＝経済が、最初は複数の福祉国家の連合によってゆるやかに制御されるとすれば、世界共和国は単一化された枠組において近代世界システムを制御する枠組であるから、〈社会化された私人〉の最後の局面である。

国家介入的資本主義から新自由主義的国家へ移行したうえでふたたび求められる介入的資本主義は、新しいステージを持ち込む性格のものである。つまり社会権的介入を世界規模で再建する運動は、より強い経済的規制を求めさせる性格のものであり、これこそを新自由主義は誘発するのである。この運動は近代世界システムに反作用し、世界＝経済がもっぱら〈私人〉のために運動してきた過去五〇〇年の歴史にピリオドを打つチャンスを成熟させるのである。

私はウォーラーステインが福祉国家をさほど高く評価しないことを承知している。しかし、必ずしも私はそれに賛成しない。なぜなら、福祉国家が示した、狭くて深い国家の経済的再生産過程への介入は、たとえそれが一国的な限界を持つものであろうと、また世界＝経済からみれば狭隘な統治でしかないとしても、再建の際に国際社会の共通尺度をどうするかを規定する原イメージを提供するからである。一国ごとの狭くて深い制御なしには、世界規模で政治と経済を再統合する広がりと深さを堅持することは不可能だろう。

重要なのは、新自由主義による破壊にもかかわらず福祉国家的な統治は積分されてひとつのコンセンサスの源泉となりうるということである。一国的な条件は世界＝経済に対して限界を持っている。だから福祉国家的介入は近代世界システムを解体することはできなかった。

福祉国家を解体して新自由主義に置き代える動きは、それじたい福祉国家連合を広くかつより深い規模で世界＝経済を制御させる条件となる。さらにこの軌道は、世界共和国から世界政府へという動きを誘発する(8)。

冒頭で述べたように、資本主義の政治は本質的に二層になっている、すなわち表層では国家権力がパワーゲームを展開するが、深層では労働者の労働処分権をはく奪することが目的になっている。したがって新自由主義からの出口では、これら二層の政治の総体をその有機的接合において根底的に係争化するものとならざるをえない。〈私人〉を揚棄するとは、労働者が労働処分権を回復する運動（すなわち自主管理の運動）であるから、世界政府への道筋においてこそ〈私人〉を揚棄する展望が見えてくるであろう。こうして、福祉国家連合、世界共和国、世界政府という局面を通して我々は将来社会への軌道を展望することができるのである(9)。

（注）

(1) 見田宗介のいう「ゲマインシャフト間ゲゼルシャフト」。しかし、たんに質のちがうものの重層性ではない。これは、贈与を原理とする家族と交換を原理とする社会が、一種の分業関係を取りながら所有において統一されたものである。従来はこの点まで掘り下げて理解されてこなかったように思われる。交換原理の差異と所有による統一という整理については中村共一氏から示唆を受けた。

(2) とくに東アジアでは、歴史的な経過から過去の清算がなされぬまま、絶えず国際緊張をあおる反韓流や反中国（もちろん中国自体の問題は無視できないが）の動きが刺激されている。こうした国民国家ごとの狭いナショナリズムは、新自由主義による平和主義の浸食と非常に馴染みやすいのである。

(3) 市井吉興[2020]「『創造的復興』と2020東京オリンピック」『変容するスポーツ政策と対抗点』創文企画。また「社会的なもの」をルソー、デュルケム、フーコーの理論史と重ねて理解するジャック・ドンズロの興味深い分析を参照。ジャック・ドンズロ、真島一郎訳[2020]『社会的なものの発明　政治的熱情の凋落をめぐる試論』インスクリプト。

(4) I・ウォーラーステイン、川北稔訳[1981]『近代世界システムII』岩波書店、二八〇頁。

(5) 同、訳二八一頁。

(6) 竹内真澄[2021]「〈私人〉の発見」『桃山学院大学社会学論集』第五四巻第二号。

(7) 前掲書、訳二八一頁。

(8) I・ウォーラーステインは世界帝国と世界＝経済につぐ第三の種類の世界システムを「社会主義的世界政府」であると規定している（『近代世界システムII』二八一頁）。むろん、これは〈私人〉を揚棄する段階であり、カントのいう世界共和国とは異なる。カントの世界共和国は、所有論上の特別の規定をもたず、その限りでは〈私人〉による所有にゆだねられているものと考えられるからである。それゆえ、世界共和国は経済的な社会構成体としての明確な歴史段階規定であるとは言い難い。しかし、多国籍企業はそれ自体としてはますます生産手段の共同使用の程度をひきあげることによって世界政府の物質的基盤を準備する。十八世紀末に使用（占有）の問題を所有に優先させて論じたカントの先駆性はその輝きを失うものではない。

(9) 現在新型コロナウィルスの世界的な流行が未曽有の人類史的危機を激化させている。一方で自国ファーストのナショナリズムが激化するが、他方で各国の協調行動が促されてもいる。コロナ禍は新自由主義的政策の破綻を告げるものであり、それだけに世界政府への軌道上の動きを加速させる面をもつ。

『市民の科学』バックナンバーのご案内

本誌バックナンバー購入のご希望は、下記振り込み先まで。「通信欄」に必要事項（送付先、冊数等）を記入の上、直接ご注文ください。送料無料で送付します。（問い合わせ先：eメール sigemo.nao@gmail.com）

振替口座番号：00910-0-226071　口座名称：市民科学研究所

第1号	2009年5月	市民による科学へ	(1,500円)
第2号	2010年6月	大学の病理――大学破壊とその受容、そして再生――	(1,500円)
第3号	2011年7月	つながりを創る ――共生的自立・自律への探求――	(1,500円)
第4号	2012年1月	原発はいらない ――共生社会の市民科学――	(1,500円)
第5号	2012年7月	市民のマネジメント	(1,500円)
第6号	2013年7月	プレモダンにおける日本のマネジメント	(1,000円)
第7号	2014年7月	共に生きる思想	(1,200円)
第8号	2015年8月	責任倫理から共生倫理へ――ヴェーバー生誕150年――	(1,200円)
第9号	2016年9月	大学人の危機 ――市民から負託された「学問の自由」と「大学の自治」――	(1,200円)
第10号	2018年6月	京都のアート・シーン	(1,400円)

【編集後記】

ようやく第十一号の発行に漕ぎつけました。二月に若手研究者セミナーのヨーク・ケーネンスさん（ベルギー・ルーヴェン大学）と水島希さん（総合研究大学院大学）の報告会以降、新型コロナの影響で研究所行事はすべて中止となりました。春季セミナー、第二回若手セミナー、共同研究プロジェクト、秋季セミナーなどの中止です。第十一号の発行も危ぶまれました。十号発行から二年を過ぎてしまいましたが、やっと発行に漕ぎつけ、ホッとしています。今号の特集テーマは「柄谷行人のまなざし」です。初めて「鼎談」という形式を取り入れました。特集編集長の宮崎さん、お疲れ様でした。難解な柄谷理論に挑むと同時に「市民の科学」とは何かの難題に今後も果敢に取り組んでいきたいと思います。日本学術会議の「任命拒否」問題、「学問の自由」の危機が叫ばれています。第九号特集で「市民から負託された学問の自由」を取り上げました。二〇〇四年の国立大学の法人化以降、総長・学長選の「意向投票」さえも廃止となり、二〇一四年の学校教育法の改定、二〇一五年の防衛省安全保障技術研究推進制度などの一連の流れの中での「構造的暴力」、その一帰結の「任命拒否」です。「学問の自由」の危機にとどまりません。「国家の科学」「資本の科学」の荒波の中、「市民の科学」が遭難・沈没することなく国際協同・共同で漕ぎ続けていきたいと思います。（S）

<執筆者紹介(掲載順)>　※所属・肩書は2020年12月1日現在
宮崎　昭：市民科学京都研究所専任研究員
中村 共一：市民科学京都研究所専任研究員
重本 直利：市民科学京都研究所専任研究員
篠原 三郎：市民科学京都研究所
竹内 真澄：桃山学院大学社会学部
三宅 正伸：大阪経済法科大学教授
青水　司：市民科学京都研究所研究員
照井 日出喜：奈良県立医科大学非常勤講師
熊谷 滋子：静岡大学人文社会科学部

市民の科学　第11号
柄谷行人のまなざし

2021年1月20日　発行　　定価　本体 1300円（税別）

編集　『市民の科学』編集委員会
発行　NGO市民科学京都研究所
〒616-8012 京都市右京区谷口垣ノ内町5－8
e-mail sigemo.nao@gmail.com
振替口座番号；00910-0-226071　口座名称；市民科学研究所
発売　株式会社 晃洋書房
〒615-0026 京都市右京区西院北矢掛町7
電　話 075(312)0788　FAX　075(312)7447
振替口座　01040-6-32280

ISBN978-4-7710-3467-9
編集協力　アジェンダ・プロジェクト
印刷・製本　(株) コミュニティ洛南

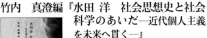

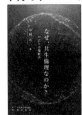

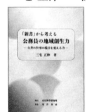

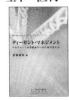